O Σ de Passos Simples = A Criação de uma vida

...para mulheres que querem seguir em frente na vida depois de perderem o seu cônjuge...

De uma forma mais leve e sem se sentirem sobrecarregadas.

Susy Caetano

Passos Simples

DISCLAIMER

A experiência retratada não é típica. A sua formação, educação, experiência e ética de trabalho podem ser diferentes. Isto é usado como exemplo e não como garantia de sucesso.

O conteúdo é destinado a fins informativos e educacionais. Não se destina a ser um substituto para aconselhamento médico profissional, diagnóstico e/ou tratamento.

Consulte o seu profissional médico antes de mudar sua dieta, rotina de exercícios, regime médico, estilo de vida e/ou cuidados com a saúde mental.

DEDICATION

A ti Paulo, um príncipe encantado que encontrei na praia naquela tarde inesquecível. Apaixonei-me pelos teus olhos azuis e cativaste o meu coração para sempre. Mostraste-me o que é amor com entrega incondicional. Hoje sou uma pessoa melhor por ter cruzado caminhos com o teu.

Reconhecimentos

Aos meus pais e à minha irmã que estiveram sempre presentes na minha vida, independentemente dos imprevistos mais dificeis.

Ao meu namorado e aos meus filhos maravilhosos, que são as minhas raízes.

À minha amiga Telma Alves que me mostrou novos, e possíveis, horizontes.

À minha amiga Sara Balasteiro que me deu um empurrãozinho para escrever um livro.

CONTENTS

Passos Simples

1. A Capa

Ao longo dos anos, comecei a perceber que a palavra "viúva" é uma palavra que incomoda muito, e muitos, na nossa sociedade. Possivelmente porque está associada à morte, algo que poucos gostam de abordar. A morte, é algo que está presente na vida de todos, mas a forma em que encaramos a morte é de forma muito triste e depressiva na sociedade ocidental. No entanto, ainda existem sítios onde a morte convida à celebração e ao amor, pela vida. Enquanto as sociedades são resistentes à morte e encaram com uma conotação negativa, tudo e todos associados ao tema, são vistos com uma associação à dor. E assim, a nomeação da palavra "viúva", alguém que perdeu o seu cônjuge, é logo atribuído um rótulo de tristeza, dor e morte. Uma mulher é condenada a estar associada a este rótulo até casar novamente, caso isso aconteça.

Lembro-me bem que fazia uma viagem para o Alentejo, para Vila Viçosa, e depois de sair da autoestrada, virei à esquerda, e vejo um guarda que manda parar. O Sr. Guarda perguntou-me se tinha visto o STOP. Olhei, e sinceramente não vi

STOP nenhum, mas se ele disse que estava lá deveria acreditar, mas efetivamente não vi o STOP. O Sr. Guarda pediu-me os documentos pessoais e os do automóvel. Entreguei, e quando o guarda viu o bilhete de identidade e viu o estado civil, de repente, entregou-me a documentação toda de novo e disse "Pode ir embora!". Não percebi o que tinha acontecido. O homem quase que ralhava que eu tinha cometido uma infração e agora agia como se nada fosse e mandava-me seguir caminho. Olhei para os documentos na minha mão e deparei-me com o verso do bilhete de identidade que dizia "Estado Civil: Viúva". Pensei, "Ok, estranho, mas não me passou uma multa, fixe!" E segui o meu caminho. Tinha 29 anos na altura.

Nesse mesmo ano, um jovem com quem saía às vezes, quis ter uma conversa comigo, ao qual fiquei confusa. Então a conversa dele foi para me informar que não tinha interesse em ver me mais, porque não lhe passava pela cabeça levar uma viúva para casa, para apresentar aos pais. Por acaso até reagi melhor do que estava à espera, possivelmente porque não tinha interesse sério na criatura, mas até hoje ainda me causa confusão como os jovens "modernos" têm estes tabus antigos ainda na sua mentalidade. Nesse ano comecei a perceber as consequências que uma palavra que indicava o estado civil poderia causar.

Assim, percebi que qualquer evidência à vista que indicasse que poderia ser viúva, seria de evitar ao máximo. E isso incluía a leitura. Apesar das muitas perguntas, questões e dúvidas que poderia ter, percebi que andar com um livro nas mãos sobre algo como aprender a lidar com a perda de um cônjuge, seria de evitar em público, ou por exemplo, esconder o livro em casa para as visitas não verem. Sim, porque nada como ter um livro com o título "Passos simples para uma viúva seguir em frente na vida". Tipo, qual é o problema? Há!!! Experimenta. Vai a uma pastelaria hoje, com um livro deste género na mão, e conta-me depois como foi. Olhares curiosos focados em ti, silêncio estranho e repentino, ruídos de vozes quando viras as costas. Pois é.

Ninguém nasce ensinado e todos temos acesso à informação para que possamos aprender e evoluir. Mas não deve ser necessário uma pessoa ser discriminada por um rótulo quando procura ajuda da forma que prefere, como através da leitura de livros. Enquanto a nossa sociedade está a aprender a lidar com o tema da morte (incluindo eu, ainda), o que poderá levar anos ou séculos ainda, devemos ter a possibilidade de poder estar no banco dum jardim a ler um livro tranquilamente. Por isso não tenho problema nenhum em dar outro tipo de título a este livro. Ponto. Sem qualquer indicação que é um livro sobre o testemunho de uma viúva que procura ajudar outras a seguir em frente com a sua história e a sua experiência. E posso fazê-lo. Tal como poderia dar o título de "Uma viagem a Paris", ou "Como engatar um homem dos teus sonhos em 28 dias". A capa não interessa. Há um ditado em inglês que diz "you can't judge a book by it's cover". Ou seja, não se consegue julgar um livro pela sua capa.

A quem tiver a coragem de ler este livro, que o faça com tranquilidade e sem julgamentos. Que possas ler uma página por dia, 10 páginas por dia, enquanto vais beber um café à pastelaria, enquanto estás à espera da tua consulta no consultório médico ou quando quiseres estar no parque verde, debaixo de uma árvore a ler um pouco.

A liberdade de ter bem-estar na nossa vida depois de perder o nosso cônjuge, o nosso amor com quem partilhamos uma parte da nossa vida, deve estar presente de forma equilibrada na nossa vida.

É mais que natural que haja quem questione o meu objetivo, ou propósito, em escrever um livro destes. Ora, depois daquilo que escrevi neste capítulo sobre o estigma associado à palavra viúva, é óbvio que não procuro o "estrelato". Bem, atualmente, acho que se pode dizer que não temos nada como garantido na vida, e até pode acontecer que este tipo de livro possa ajudar a esgravatar um caminho em que a morte não seja um assunto tabu para mulheres, ou deprimente. E onde não há necessidade de rotular pessoas que perderam os seus cônjuges, e qui ça, voltarem a ser solteiras novamente. Porque na verdade, só deixamos de estar casadas com alguém. Ponto. Que tal devolveremos a opção de escolha às pessoas, se querem contar a sua história de perda de alguém especial, ou não. Se quero ficar associada a uma história triste, que me descreva para sempre, ou se quero voltar a ser solteira e não deixar que uma história me define.

Voltando à questão do porquê deste livro. É simples, mas não é fácil. Basta fazer uma busca na internet sobre livros para nos ajudar a seguir em frente depois de perder o nosso cônjuge. Dos poucos que se encontram, mais de metade falam sobre a tristeza, o luto, a dor...e depois disso? Sim, há uma fase mais intensa de luto e tristeza, mas com o tempo começa a atenuar, e apesar de sentiremos um vazio em nós, o coração ainda bate! Estamos vivas. A vida continua (como todos nos dizem nesta fase). "Ai, que tragédia. Tanto sofrimento, mas a vida continua" ... é isto que dizem nos funerais, né?

Pois, não deixa de ser verdade, mas como é que podemos nos levantar do chão depois duma queda destas?

Pois, há poucos livros que falam sobre isto. E faz tanta falta na nossa sociedade. Numa era de tanto livro de autoajuda, onde estão os livros para ajudar viúvas (e viúvos) a recuperarem a sua identidade, ou começar a sua identidade nova, com leveza e tranquilidade.

No fundo, se com este livro conseguir ajudar uma pessoa, uma mulher, a seguir o seu caminho, com melhor qualidade de vida, valeu a pena este trabalho. Bem Haja!

2. Uma história de Princesa

Durante a minha adolescência, confesso que li dezenas e dezenas de livros, sempre sobre romances. Poderia ter lido livros sobre outros temas, mais úteis, como ciências, psicologia, história, geografia, medicina, mas não, deu-me para isto.

A preferência calhava sobre as séries de Harlequin Books, ou as séries de Nora Roberts. Havia sempre uma história, onde há sempre um homem, uma mulher, uma história, e uma paixão pelo meio. Fazia lembrar as histórias das meninas onde a princesa encontra sempre o seu príncipe encantado e/ou o príncipe encontra a sua princesa.

Mal sabia eu, que um dia iria viver uma história de romance dessas, onde na vida real encontraria um príncipe encantado na Praia da Mata, na Costa da Caparica.

Aconteceu depois de acabar o segundo ano da faculdade, dois anos depois de ter vindo viver para Portugal. A minha irmã veio passar o verão comigo, e fomos à Praia da Mata, num dia à tarde. Quando chegamos, procuramos um sítio para pousar o saco e a toalha, e conforme olhei para o mar para ver como estavam as ondas, vejo dois olhos azuis a olharem para mim. Aquela imagem ficou gravada na minha memória para sempre.

Estava à minha frente um homem alto e bonito, a olhar na nossa direção. O sol brilhava contra os seus olhos azuis e pensei, "É este"!

Caminhei em direção a ele e perguntei-lhe se queria jogar frisbee comigo e com a minha irmã. Ele olhou para mim e disse que não, e fiquei surpresa com a resposta dele. Algo me tinha dado a certeza de que ele iria dizer que sim. Sentia algo familiar nele. Não consegui explicar, até hoje. Era como se nos conhecêssemos a vida toda. Nunca passou pela minha cabeça que ele poderia ser a pessoa errada. Poderia ser um traficante de drogas, um serial killer, um psicopata ou um louco. Mas o meu instinto disse-me que ele era bom e gentil. Fui jogar frisbee com a minha irmã, fomos ao mar, conversamos e tivemos uma tarde espetacular.

No dia seguinte, a minha irmã e eu fomos à praia novamente, para o mesmo lugar, e lá estava ele novamente. Decidi ir até ele de novo. "Olá, então, queres jogar frisbee connosco hoje?".

"Olá, sim, desculpa que ontem estava com uma dor de cabeça, Estou a tentar deixar de fumar. Sim, vamos jogar". Passamos cerca de uma hora a jogar, até ao pôr do sol. No final dessa semana, eu estava preocupada que não iria vê-lo novamente, então convidei-o para irmos beber um café depois do jantar. Disse-lhe onde estava alojada, numa casa que a minha família tinha alugado perto da praia. Depois do jantar, tal como planeado, ele apareceu no seu Fiat 124, verde-claro e com uma rosa vermelha, em cima do banco do passageiro.

Estava completamente encantada. Ele tratou-me como uma autêntica princesa toda noite. Bebemos café e, depois, optamos por uma cerveja. Conversamos toda noite e depois ele levou-me para casa. Quando chegamos à minha casa, ele disse: "Conheço um bar fixe na praia da Sereia, queres ir lá amanhã à noite?". Eu concordei.

Sei que ninguém é perfeito, mas qualquer imperfeição que ele possa ter tido, foi posta de lado. A simpatia dele, o charme, o calor humano, sentia-me uma pessoa especial ao lado dele.

Nesse outono, voltei para a faculdade, em Lisboa. Concentrava-me nos estudos e no trabalho durante a semana, e nos fins de semana, ele ia me visitar. Ficamos mais apaixonados um pelo outro, e era sempre bom quando estávamos juntos. Depois de um ano juntos, conheci a família dele, os pais e irmã, e o seu filho, que tinha 5 anos e morava com ele. Eram todas pessoas simples e honestas, fácil de estar com eles. Percebi que ele amava muito o filho. Ele tinha sido pai muito novo e brincava com a ideia de que um dia iria aos bares e clubes com o seu filho.

Depois de cinco anos de namoro, casamos. Foi um dia inesquecível, rodeados de amigos e família. Éramos agora uma família, de três. Terminei a faculdade com a ajuda, e o apoio dele,e nessa altura já estava a trabalhar na banca. Durante algum tempo, pensamos em mudar-nos para o Canadá, onde estavam os meus pais e a minha irmã a viver. Enquanto tentávamos descobrir qual seria a melhor decisão a tomar em relação ao nosso futuro, comecei a ter muito trabalho no banco e não percebi que estava a chegar a casa cada vez mais tarde à noite. Quando chegava à noite, já ele tinha orientado os banhos, os TPCs, e tinha o jantar pronto.

Um dia ele disse-me que estava a emagrecer, sem motivo aparente e estava a pensar em ir ao médico fazer um check-up. Ele não era de reclamar muito com problemas de saúde, então estranhei a decisão dele. Decidi ir com ele. O médico de família não achou nada de estranho, mas pediu-lhe que fizesse análises ao sangue.

Quando regressamos ao médico com os resultados das análises, o médico escreveu uma carta para irmos a uma consulta de médico-especialista, sem nos explicar mais nada.

Quando percebemos que o local da consulta era num hospital especializado em oncologia, conseguimos ter uma ideia do que nos esperava. Cancro. O médico perguntou se ele nunca tinha sentido uma dor aguda de lado, e ele disse que não. Ele trabalhava como serralheiro, por isso pequenas dores eram normais, e ele não prestava muita atenção. Disseram-nos que ele tinha um tumor no intestino. O médico sugeriu iniciar quimioterapia para depois se marcar a cirurgia, e depois disso, se fazer quimioterapia novamente, ou radioterapia, dependendo do resultado da cirurgia. Prescreveu medicação e vitaminas. Os médicos deram-nos sempre poucas informações, ou se calhar nós é que não sabíamos fazer as perguntas certas. A única coisa que nos diziam era para tentar ter calma, e tentar viveruma vida normal.

Um dia, em meados de junho, no hospital do IPO, ele foi preparado para uma cirurgia de 8 horas, a começar às 8h00, onde o iriam abrir, remover o tumor, limpar a área envolvente e iam tentar fazer radioterapia durante a operação e fechá-lo. A cirurgia envolveria algumas equipas de médicos e enfermeiros e exigiria trabalho em equipa entre todos para ter o melhor resultado possível.

Às 9h30, o médico veio falar comigo. Eles tinham-no aberto, e descobriram que o tumor tinha metástases e tinham se espalhado pelos seus órgãos vitais. Eles limparam a área afetada da melhor forma possível e fecharam novamente. Na altura não entendi alguns dos detalhes que o médico me estava a dizer, mas quando vi o rosto dele cair e os seus olhos começarem a lacrimejar, eu sabia que algo estava seriamente errado, e perguntei-lhe: "Quanto tempo temos?". Ele respondeu: "Seis meses, na melhor das hipóteses, três". E ali estava, a verdade, nua e crua. As lágrimas caíram-me pelo rosto e não tinha ideia do que deveria/podia fazer.

Chorei sozinha e depois compus-me para ir ter com ele, e para que ele não visse a minha tristeza. Sentia que tinha que ser forte para ele. Nunca conversamos sobre o que o médico disse, e também não sabia se ele sabia, mas agimos e vivemos como se fôssemos vencer esta batalha, com ou sem ajuda médica. Enquanto ele recuperava da cirurgia no hospital, ele estava sempre bem disposto, era o tipo de pessoa que ele era. Fez amizades com todos os pacientes daquele andar, até com as enfermeiras. Às vezes, eu chegava ao hospital e encontrava-o a conversar com outros pacientes, sempre com boa disposição. Andava pelos corredores em cima do apoio do soro, brincava com as enfermeiras e sorria para os auxiliares do hospital.

Alguns dias depois, voltamos para casa, e ausentei-me do trabalho durante algum tempo para cuidar dele. Ele começou a ter dificuldade em adormecer à noite e começou a queixar-se de dores. Cada dia que passava, piorava. Dissemos aos médicos, e eles receitaram medicação mais forte para a dor. Quando ele começou a fazer quimioterapia, ele começou a ganhar um pouco de peso, e nós começamos a ter esperança. O médico disse-nos que ia administrar uma dose de quimioterapia mais forte, pelo que ele teria de ficar alguns dias no hospital.

Quando cheguei ao hospital naquele dia, depois do trabalho, estavam a iniciar o tratamento de quimioterapia e ele estava de bom humor. Fiquei com ele a maior parte da noite. Ele começou a sentir-se tonto e enjoado, basicamente drogado, e eu não sabia como ajudá-lo. Quando acabou o horário de visitas, tive de me despedir dele. Ele não queria que eu saísse.

No dia seguinte, quando cheguei ao hospital, ele disse ao médico que estava a sentir-se muito melhor e que queria ir para casa. O médico perguntou-lhe repetidamente se ele tinha certeza disso. Ele disse que sim. No caminho para casa, ele pediu-me para parar no McDonalds para comprar 2 cheeseburgers. Ele estava a lutar pela vida dele e só me pedia cheeseburgers. Nos dias seguintes, ele sentiu muita dor e perdeu peso novamente. Ele tinha muita dificuldade em dormir e descansar, então aconteceu várias vezes pegar nele e no menino, e íamos passear de carro, de preferência para a autoestrada onde não havia buracos no alcatrão e ele adormecia um pouco, tal e qual como fazemos com os bebés quando não conseguem dormir. Eram as únicas horas que ele conseguia descansar um pouco, esquecendo assim as dores. Eu fazia tudo o que podia por ele. O menino também dormia no banco traseiro, sabendo que fazíamos tudo para salvar o seu pai.

Uma noite, depois do jantar, passei creme nas suas pernas, para ajudar com a dor. Percebi que ele estava a olhar fixamente para mim, e perguntei-lhe "O quê? O que estás a pensar?", sorrindo. Ele continuou a olhar para mim, e sorrindo, disse: "Foste a melhor coisa que me aconteceu". Ele tinha sempre palavras fofinhas para me dizer, por isso não estranhei naquela noite o que ele me dizia. Mal sabia eu que seria as últimas coisas que me diria. Só mais tarde é que perceberia que ele sabia que o fim se aproximava.

"Também foste a melhor coisa que me aconteceu", respondi-lhe. Olhamos um para o outro intensamente, e ambos sabíamos o que o outro significava na sua vida. Chamei o filho dele e disse-lhe para se preparar para ir dormir. Naquela noite tentamos mais uma vez dormir na cama e ver como corria a noite, se tínhamos que ir passear um pouco na autoestrada para ele adormecer ou não, devido às dores que ele sentia. Foi a primeira noite em poucos meses que eu dormi mais de 3 horas. Quando acordei, ele estava de costas para mim. Coloquei a mão nele, e ele não se mexeu. Levantei-me devagar e dei a volta à cama para ver se ele tinha conseguido dormir naquela noite. Vi o rosto dele pálido e os lábios dele estavam roxos. Ele tinha-se ido embora. Ele tinha seguido em frente.

Morreu como queria, na sua cama, na sua casa, com aqueles que amava. Quão bondoso é Deus ter lhe dado o tipo de partida que ele tinha pedido? E eu só podia respeitar isso.

Então, o que fazemos quando acordamos de manhã e percebemos que a pessoa que amamos faleceu durante a noite? Não sabia o que fazer. Liguei para o INEM e percebi que quando perguntavam a cor dos lábios dele, e a seguir disseram-me simplesmente para aguardar pela ambulância, reforçava a minha suspeita que não havia nada a fazer. Ele já não estava ali.

Dormi muito nos dias a seguir ao funeral, talvez semanas de cada vez, não me lembro quanto tempo, para dizer a verdade. Os dias, semanas e meses seguintes foram muito difíceis. O meu rosto estava sempre triste e recebia expressões tristes de pessoas com quem me cruzava. Alguns diziam palavras simpáticas, como "tu és forte e nova, a vida continua, vais conseguir ultrapassar isto". Agradecia a gentileza e simpatia, mas no fundo pensava comigo mesmo: "Sim, sou jovem e sou forte, sim, a vida continua, eu escolho a vida e vou passar por isso, mas como?" Onde é que eu poderia encontrar um manual que ensinava como "passar por isto". Talvez houvesse um, ou mais de um no universo, mas eu não encontrei nenhum na altura, se calhar não procurei muito bem.

Comprei alguns livros sobre o luto, o perdão (eu não sabia quem eu estava a perdoar, eu, o meu marido, Deus, o mundo?). Comprei livros sobre como lidar com o desgaste mental e emocional. Acabei por sentir mais tristeza e mais sozinha. Chorei, fui a consultas de psiquiatra, tomei medicação para a ansiedade e por pouco não fui despedida do meu emprego. Porquê? Quando voltei ao trabalho, chegava atrasada todos os dias. Eu não conseguia acordar a horas. Colocava 3 despertadores, tentava acordar a tempo de chegar ao trabalho a horas, mas chegava sempre atrasada, super atrasada e o chefe não estava a gostar. Depois de ir a 3 psiquiatras diferentes, 2 psicólogos diferentes e médicos diferentes, tinha perdido a esperança. Diziam-me sempre que a medicação ia me ajudar. E eu perguntava-lhes: "Ok, então pode me dizer qual é o comprimido que me vai acordar de manhã para que possa tomar o comprimido, e chegar ao trabalho a horas, para que eu não seja despedida?" Finalmente encontrei uma psicóloga, com algum tipo de experiência esotérica.

Fui às consultas dela durante alguns meses, ainda chegando ao trabalho atrasada todos os dias. Um dia, numa das consultas da psicóloga, desenrolou-se a questão de que seria o meu subconsciente que não queria acordar de manhã, com medo de encontrar novamente o meu marido morto na cama, ao meu lado. Depois desse episódio, comecei a chegar ao trabalho mais cedo, já compreendia melhor os meus medos e tentava lidar com a situação.

Alguns meses depois do meu marido ter falecido, comecei a passar alguns fins de semana fora da cidade, em pequenas áreas rurais onde os meus pais tinham família. Tentei descobrir algumas de suas propriedades no campo. Fui ao centro de jardinagem local e comprei podadores, tesouras, luvas, serras, e comecei a cortar ervas daninhas, lixo, árvores velhas quebradas, etc., nos terrenos dos meus pais. Colocava música no carro e passava tardes assim, sozinha. Apenas a natureza e a música, e a trabalhar na natureza. Foi um dos melhores refúgios que tive.

Passei anos a tentar recomeçar a minha vida. Dediquei-me ao meu trabalho e comecei a viver uma vida como solteira, novamente. Trabalhava, ia almoçar fora, ia à cabeleireira, ia aos shoppings, frequentava cafés e pastelarias e comecei a perceber que também vivia uma vida que o meu ordenado não cobria, porque não me importava muito com a minha vida e as suas consequências. Não sentia propósito no caminho à minha frente. Vivia um dia de cada vez, em modo de sobrevivência.

Dois anos depois do meu marido falecer, aos poucos comecei a namoriscar novamente. No início era só uns flirts, mas com o tempo, conheci um rapaz com quem comecei a namorar, e os sentimentos evoluíram e começamos a morar juntos. Hoje, ele é o meu companheiro, pai dos meus filhos, lindos e maravilhosos.

Levei anos para me recompor, na minha vida profissional e na minha vida pessoal. Hoje, entendo que todos temos obstáculos a superar na vida, e eu ainda tenho muitos no meu caminho pela frente, mas comecei a pensar em tudo o que sofri com a dor de perder o meu marido de repente, e comecei a pensar nas outras mulheres que perdem os seus cônjuges. Como faziam? Como fizeram? Na minha jornada, raramente conheci outras mulheres da minha geração que tinham perdido os seus cônjuges, então nunca tive muitas oportunidades de basicamente trocar histórias e partilhar dicas ou ideias, para ajudar a seguir em frente na vida.

Às vezes pensava que eu podia ajudar outras pessoas com a minha história e experiência de vida. Mas depois via que era um assunto um pouco tabu na sociedade. Não era algo que muitos gostavam de falar ao jantar, num restaurante, ou num café. Mas houve muito que aprendi, através de erro e tentativa e sentia que um dia iria ter o remorso de não ter partilhado essa informação com outras mulheres. Porque é que tinha passado por tanto, bom e mau, para que depois não houvesse alguém que tirasse partido desta informação e poder ter um caminho mais fácil. O tempo é um recurso limitado, e isto que eu tenho para partilhar contigo pode te poupar dias, meses ou anos, de bater com a cabeça na parede como me aconteceu. E assim, quem sabe, teres melhor qualidade de vida na tua jornada, no teu caminho".

Eu sei que posso me repetir pelo caminho a escrever o que penso, mas às vezes tenho receio que não consigo explicar da melhor forma o que gostaria de transmitir. Mas volto a dizer, depois de passarmos pela morte de um cônjuge, precisamos de tempo para parar, recuperar, e encontrar um novo caminho para seguir em frente, uma nova identidade, nossa, que não inclui a pessoa que perdemos. E isso pode levar 5 anos, 10, 15 ... 20 anos. Se formos a ver que o tempo médio de vida atualmente é de 78 anos, vamos passar 15 ou 20 anos a recuperar de um trauma? A vida é preciosa, e devemos vivê-la na sua plenitude. Sim, todos temos obstáculos na vida para ultrapassar, estamos cá nesta vida para aprender, mas se temos a sorte de conhecer a história de outros, como conseguiram recuperar, o que fizeram bem, e o que aprenderam que poderiam ter feito melhor, será que não devemos aproveitar a aprendizagem dos outros e usar o que podemos para criar uma nova, e melhor, vida para nós? Eu acho que sim.

3. Seguindo em frente com Passos Simples

Este livro tem uma série de passos simples para usar diariamente, semanalmente, ou até mensalmente, por forma a ajudar-te e inspirar-te a seguir em frente num novo caminho que se apresenta na tua vida. Será fácil? É mais provável que não, mas tal como foi em Roma, este novo caminho não será construído num só dia. Mas será sim, o somatório de todos os pequenos passos que decidires tomar, da forma que faz mais sentido para ti.

Haverá dias em que não te apetece fazer nada, ou falar com ninguém, mas haverá sempre um passo simples neste livro que conseguirás fazer nesse dia. E havendo o caso em que não consegues decidir, há sempre o velho truque de lançar o livro ao ar, e a página que abrir quando cair no chão, será esse o teu passo simples nesse dia.

Com cada pequeno passo realizado, sentirás um sentido de concretização e realização. É como fazer uma caminhada. Podes fazer uma caminhada hoje, e vale o que vale. Se fizeres duas ou três numa semana, é fixe, certo? E se for 6 dias numa semana, descansamos no Domingo. Depois de 6 meses neste registo, vais-me dizer que não fez diferença nenhuma na tua vida? Impossível! O efeito cascata deste pequeno passo simples, ou vários passos, contribuiu para uma mente mais calma e tranquila; menos ansiedade e stress no dia a dia; um corpo mais saudável e tonificado; o tempo de exposição ao sol melhorou o teu sistema imunitário, o teu humor, etc., etc., etc..... Agora pensa que tudo começou quando num determinado dia decidiste ir fazer uma caminhada. E por acaso houve outro dia que decidiste fazer uma caminhada nesse dia também...

É fácil de perceber que o efeito cascata de um pequeno passo é exponencial. Se tiveres dúvidas, desafio-te a começar hoje este pequeno passo simples, diariamente, e daqui a 6 meses conta-me se não mudou nada, mesmo nadinha, nadinha, na tua vida.

Passos Simples

4. A dor irá se aliviar

É frequente as pessoas dizerem-nos que "Com o tempo, a dor vai passando". E é verdade. Com o tempo vamos aceitando essa realidade, porque de facto não há nada que possamos fazer para que aquela pessoa volte para o nosso lado. Conforme a dor acalma, não quer dizer que esquecemos a pessoa, ou a sua alma. Já tem acontecido passar por alguém na rua e parar para ter a certeza que não era o Paulo, a semelhança de rosto e corpo é de tal forma, que fico baralhada. Depois percebo que não é, e lá vem a saudade, a nostalgia e as memórias. Mas acredito que onde estiver a alma dele, está bem e em paz. E ainda acontece as lágrimas caírem, especialmente quando vejo aqueles filmes onde vemos alguém muito querido da personagem principal falecer, e quando há alguma semelhança com a nossa realidade, ainda mais. E tudo faz parte. Nós não somos pessoas feitas de ferro, e não temos de ser fortes, a todos os instantes, todos os dias. Temos o direito de sentir, e ouvir o que se passa dentro de nós, nesse dia.

Longe de mim para sugerir formas de atuação ou abordagem com o tema da dor, até porque a minha formação é de Economia e Gestão, mas posso vos dizer que com a minha experiência daquilo que passei depois do meu marido falecer, é: chora e deixa te sentir a dor e a saudade, especialmente quando sentes que precisas de te libertar dela. Guardar dentro de nós as nossas dores e emoções, não ajuda o nosso processo de seguir em frente com o resto da vida que temos. E também por experiência própria, o que não resolvemos a bem hoje, e com naturalidade, volta mais tarde para nos obrigar a enfrentar essa dor e mágoa. Então, quando te sentires triste, olha, sente, e percebe porque te sentes triste. Estás triste pela solidão? Tens saudades de ter alguém ao teu lado. É normal, somos pessoas que viemos para este mundo para viver numa sociedade, em grupo, antigamente em tribos. Nesse dia, agradece por todos os dias que aquela pessoa esteve ao teu lado, mas lembra-te também que também havia dias que te apetecia estar sozinha, ou com as tuas amigas, ou a fazer atividades na comunidade, e aproveita e vai ver uma amiga, ou vai fazer um pouco de natação à piscina municipal, que vai saber tão bem a água no teu rosto, lavando as lágrimas e substituindo-as com frescura e renovação de vida em ti.

Ninguém pede que faças com que a dor desapareça o mais rápido possível, mas também não é saudável viver eternamente na dor. Como diz o provérbio: "A vida são dois dias", e é verdade também. E estás cá para viver esta vida. E não tem de ser de um dia para o outro, não, mas com pequenos passos. Ninguém nasce ensinado. Aprendemos a seguir em frente. Pequenos passos, e com passos simples. ok? Vamos lá.

5. Journaling

Há uma prática que se chama "Journaling", em inglês, e basicamente é escrever num diário ou registar num caderno, mas tem um toque mais chique usando este termo. Se procurarem cadernos para a vossa escrita, encontram mais cadernos a dizer Journal, do que diário. Diário também é conhecido como um registo de coisas que aconteceram, nomeadamente no passado, enquanto um Journal é um local que se escreve e explora pensamentos e ideias. E no fundo é simplesmente escrever o que queremos, o que nos apetece, o que sentimos, o que queremos perceber melhor ou explorar, e às vezes a escrever conseguimos descobrir o significado (para nós) daquilo que nos passa na alma ou na mente. Se já tens o hábito de escrever num caderno ou diário, ou jornal, então já percebes um pouco disto. É também considerado um instrumento terapêutico reduzindo a ansiedade e o stress.

Quando era mais jovem, tive durante muitos anos o hábito de escrever no diário. Depois a vida apresenta outras distrações e deixamos ou esquecemos alguns hábitos ou rotinas. Reconheço agora que se tivesse continuado o hábito de escrever no diário ou escrever no jornal, poder-me-ia ter ajudado na fase depois da morte do meu marido. Antes da morte tinha ajudado sim, mas não havia horas no dia, entre consultas médicas, quimioterapia, cozinhar refeições saudáveis, passear com o Paulo, distraí-lo, confortá-lo, e conduzir quilómetros na autoestrada para que ele dormisse um pouco, esquecendo assim as dores. A minha dedicação era total, a ele. Também poderia ter recuperado o hábito depois de ele ter falecido, mas francamente, nunca me lembrei. E já houve alturas em que me arrependi, porque depois do funeral, houve dias, semanas, se calhar meses que se apagaram da minha memória. Sei que dormi semanas seguidas, sem comer, sem sair de casa, sem ver ninguém. Entre a exaustão e a medicação, dormi durante muito tempo. Não sabia o que fazer, o que sentir, o que pensar.... E caso tivesse escrito, algo, qualquer coisa, tenho a certeza que algo tinha surgido para reconhecer a minha pessoa, a minha existência pós-Paulo, a continuação da vida e quem sabe, ter me levantado mais cedo para reconstruir algumas partes da minha vida. Efetivamente, temos uma vida, não precisamos de recomeçar do zero, simplesmente repor e alinhar algumas peças. Nós temos uma tendência de tornar sempre algo em muito mais complicado do que é, e como se fosse o fim do mundo, mas não é, esquecemos que também pode ser um novo recomeço. Sem medo. Um recomeço com aventura, exploração, crescimento, e quanto mais damos espaço à nossa criatividade e imaginação, irá se refletir no caminho que fizermos.

No Journaling, podemos acrescentar a prática da gratidão, onde basicamente agradecemos um grande leque de tudo que agradecemos na nossa vida, sejam elas pessoas, acontecimentos, experiências, memórias, saúde, e também daquilo que não temos na nossa vida, por exemplo doença, guerra, fome, violência, etc. E a verdade é que naqueles dias depois da morte do meu marido, tinha efetivamente muito para ser grata, desde a minha saúde, a minha vida, o grande romance de amor que vivi com o meu

marido (há neste mundo quem nunca tem o prazer de amar), de ter família, amigos, um emprego, colegas, uma casa, um carro, a praia perto da minha casa, o sol a nascer dia após dia e as estrelas a brilharem noite, noite após noite.

Sentia uma enorme gratidão por Deus lhe ter permitido morrer na sua casa, a dormir, em descanso como ele queira. Junto da mulher e do filho, e não sozinho num hospital. Sentia gratidão pelo alívio da dor dele, que poderia ter durado anos, mas não, ficou-se pelos sete meses.

Gratidão pelas viagens e passeios que fizemos nos seus últimos meses. Visitamos sítios novos, outros que já conhecíamos, castelos, monumentos, praias, serras, centro comerciais, restaurantes, cafés, fizemos mesmo, muito, mesmo com as limitações da doença dele. Gratidão por ter tido um emprego que me permitiu a minha ausência para cuidar dele e acompanhá-lo.

Se tivesse usado a prática da escrita, de Journaling, teria percebido melhor, que no meio da escuridão, havia muito para celebrar e agradecer. E a balança tinha se nivelado melhor.

O Journaling ajuda a mente e a alma a decifrar esses pensamentos todos, as emoções que são tantas, misturadas nesta fase, e ajuda também o corpo a reduzir níveis de stress, ansiedade, sintomas de depressão e ainda melhorar o nosso humor.

Quando comecei a namorar o meu companheiro atual, a morte do meu 1º amor era algo que não era um assunto confortável para ele, respeitei, e não se falava muito no assunto. Mas às vezes precisava desabafar, ou perceber melhor alguns sentimentos, e nessa fase voltei ao Journaling. E ajudou-me muito. A memória do meu 1º marido nunca desapareceu, mas gradualmente atenuando a sua intensidade, conforme a relação com o meu atual companheiro tornava-se mais intensa, especialmente com o nascimento dos nossos filhos, a minha nova entidade como mãe. Conforme os meus filhos cresceram, fui dando a conhecer aos poucos que o pai deles era o meu segundo marido. Que tinha tido outro grande amor antes do pai deles. Não queria que fosse assunto tabu na família. Houve um ano em que decidi que tinha de ir ver a sepultura do Paulo, e decidi levar o meu marido e os meus filhos. Estava nervosa, claro. Não sabia como eles iam reagir. Quando chegamos ao cemitério, eles juntaram-se ao meu lado. Para mim foi uma tarde cheia de gratidão. Quero que os meus filhos aprendam com tudo que passei na minha vida, e isso inclui as partes mais desafiantes. Porque a vida é tudo isto, o bom, o menos bom, a tristeza, a alegria, a felicidade, a saúde, a doença, e a morte também. Entendo que o melhor que posso deixar aos meus filhos, de maior valor, é o meu exemplo da minha vida, e que aproveitem a vida em tudo que puderem e que não desistam de superar o que é mais desafiante na vida, porque são nessas experiências que aprendemos a crescer e a evoluir. Ultimamente, eles têm me visto a escrever muitas vezes, e às vezes perguntam o que estou a escrever, outras vezes já não ligam, mas lá está, a melhor forma de ensinar é dando o exemplo, e espero que eles usem também o Journaling na vida, para lhes ajudar a decifrar todos os seus pensamentos, emoções e ideias.

Seja qual for a fase em que possas estar na tua vida, aconselho veemente este pequeno passo, que possas só escrever uma página no teu caderno, debaixo de uma árvore, à sombra no parque, na tua varanda enquanto as estrelas brilham, no sofá enquanto os teus filhos brincam. Que sintas que possas explorar a tua alma e descobrir a pessoa que és.

6. Deitar cedo e cedo erguer dá saúde e faz crescer.

Já os antigos diziam que deitar cedo e cedo erguer dá saúde e faz crescer. E está provado que quem tem bons hábitos de sono e que se deita "cedo" e acorda com o sol, tem uma vida mais "saudável". Geralmente são pessoas mais magras, mais felizes e mais saudáveis do que aquelas que usam a manhã para dormir. Recebem mais vitamina D com a exposição à luz solar, não necessitam de tanta luz artificial, alimentam-se de forma mais saudável e em horários mais regulares. Normalmente fazem mais atividade física e recorrem menos vezes a petiscar com comida de conforto. Toda esta rotina tem o seu efeito cascata, para o melhor ou para o pior.

Se não tens este hábito, pode ser um pequeno passo onde poderás sentir as maiores repercussões na tua vida. Precisamente pelo efeito cascata que este passo dá.

Pode parecer curioso, mas ter hábitos regulares de sono, levantar e deitar com o sol, pode ajudar a perder peso, ou manter o teu peso equilibrado. Tendencialmente, receberás mais energia durante o dia, comendo melhor, estando mais ativa, e com as rotinas diárias, sentirás menos necessidade ou desejos de procurar comida de conforto durante a noite. Esta rotina também ajudará a baixar a pressão arterial e reduzir os riscos de ataques cardíacos. Podes pensar como é que um passo destes, pode ter um impacto mais profundo no teu corpo do que simplesmente alterar as horas no teu alarme diário? À distância, parece impossível, mas por tentativa e erro ao longo da minha vida, através dos meus altos e baixos, posso traçar claramente uma correlação direta entre os anos em que prosperei na vida e os anos em que lutei, com o tempo médio que me levantava cedo de manhã e deitava-me cedo vs quando levantava tarde e deitava muito tarde.

No anos que a vida corria melhor, treinava ou fazia uma caminhada matinal, e ficava com a sensação de "dever" cumprido para o resto do dia, sendo que essa sensação resulta das endorfinas que são libertas ao logo de manhã em que estiveste a treinar, e que depois nos fazem parecer que podemos fazer tudo que nos apareça à frente durante o dia. Se já tens esse hábito então já sabes daquilo que estou a falar.

Quando falo em levantar cedo, não digo que tenha que ser às 5 da manhã, basta que seja uma hora ou hora e meia mais cedo daquilo que habitualmente te levantas. Por exemplo, se te levantas às 10h00 por norma, experimenta fazé-lo às 8h30, e à noite vai dormir uma hora mais cedo. No início, custa um pouco. Para mim custa muito, porque eu gosto tanto de dormir. Mas as vantagens e benefícios ultrapassam em grande escala essa hora a mais de sono. Vais conhecer um novo mundo. Uma nova vida.

Desafio-te a experimentar durante um mês. Sim, um mês. Um passito todos os dias. Se só conseguires uma semana, não faz mal, porque já começas a sentir um cheirinho de como pode ser.

Anda-la. Experimenta. E depois conta-me como foi.

7. Mantenha-se em forma

Se já tens um plano mensal para te manteres em forma e manter a prática regular de exercício, fantástico. Estás um passo à frente. Ser ativo ajuda o corpo e a mente a funcionar melhor e tem todas as ramificações positivas que podes imaginar, e muito mais! O exercício melhora o humor, reduz os riscos e efeitos da depressão, da ansiedade e do stress. Este pequeno passo ajuda muito, de várias formas, especialmente nesta fase de luto, porque ajudará a reduzir a intensidade da dor. Vamos ver o caso de uma caminhada de 45 minutos. É impossível iniciar uma caminhada de 45 minutos, triste e com lágrimas nos olhos, e no final dessa caminhada, ainda estar a chorar! Podes começar triste, e faz bem deixar fluir, irás sentir a tristeza e as lágrimas desapareceram e o teu corpo e mente irão ficar mais calmos, naturalmente. Se duvidas da minha lógica, experimenta! Tira as teimas. E não te esqueças, uma boa caminhada de

45 minutos é suficiente para endireitar a tua postura e melhorar o teu humor, e mais, é GRÁTIS!

O exercício vai ajudar a descansar e dormir melhor. Tão importante neste momento.

Lembro-me de quando fui aos psiquiatras e outros médicos depois que meu marido faleceu, e a solução no final da consulta era receitar a medicação. Confesso, que não me lembro de me dizerem para ir caminhar 45 minutos todos os dias. Não quero criticar a ajuda médica, porque tive excelentes médicos ao longo da minha vida, aliás um deles deu-me este conselho das caminhadas diárias de 45 minutos, mas 20 anos depois! Naquela fase da minha vida tinha me ajudado muito.

Natação, yoga, pilates, kick boxing, o que quer que seja o desporto que queiras experimentar, porque realmente existe um mundo de possibilidades, para não esquecer que até faz bem experimentar coisas novas e diferentes. Experimentar um novo desporto ou exercício pela primeira vez vai te deixar animada e fazer te sentir viva. Mesmo que estejas assustada ou stressada com a nova experiência, vais sentir a emoção, e mesmo a adrenalina, depois. Não há nada de errado em te sentires animada e feliz. Lembro-me de uma vez que fui andar de teleférico e fiquei cheia de medo, porque tenho mesmo muito medo de alturas. Fechei os olhos o tempo todo. Quando saí, e relaxei um pouco, lembro-me de pensar: "isto não foi tão mau, até podia experimentar novamente, desta vez com um olho aberto;-)". Portanto, aprender novas atividades físicas estimula o corpo e a mente, mais do que repetir o mesmo exercício sistematicamente.

O grupo de pessoas que encontramos quando vamos praticar desporto, também é muito importante. Se fores a uma aula de Pilates, e sais sentindo-te bem por dentro, e animada, pela energia que sentiste durante, e depois, dessa aula, continua com esse desporto. Se percebes que começas a sentir que a aula está a introduzir tensão no teu dia, secalhar está na hora de mudar para uma nova experiência. Podes querer experimentar algo completamente novo, com um novo grupo de pessoas. Se a ideia de praticar natação ou desportos individuais te parece interessante, este não é o melhor momento, pois aos poucos vai te levar ao isolamento e vais te isolar e acabas por desistir desse desporto. Se dinheiro é um problema, existem outras opções para experimentar, como caminhadas na comunidade, corridas locais, caminhadas com amigos, caminhadas na natureza no fim de semana, com amigos ou família, outras atividades de grupo ou acompanhada.

Mais uma vez, evita de te isolar. Se começares nesse caminho, vais te aperceber aos poucos que começas a evitar ir ao café com as tuas colegas, ou até ir a festas de aniversário, ir a jantares de trabalho, etc.

A energia que recebes de atividades em grupo, que vais receber em cada aula de desporto, semana após semana, irá alimentar a energia deste novo caminho que caminhas. Nem sempre haverá aulas positivas e perfeitas, mas mesmo aulas chatas e stressantes, fará com que sintas o sangue a fluir nas tuas veias, e isso também é bom. Fará-te sentir viva. É muito importante sentires te viva nesta fase. Sim, tu estás viva!

Se sentires vontade de passar algum tempo sozinha, opta por escolher atividades como jardinagem, leitura na biblioteca, meditação, culinária - por exemplo fazeres o bolo de aniversário para a tua irã em vez de ser comprado, fazeres umas bolachas para os teus sobrinhos, ou até levares o teu Journal contigo para o parque e escreveres um pouco.

Comer bem também é muito importante nesta fase, precisas de muitas vitaminas e muitos nutrientes porque o teu corpo, a tua mente e o teu coração passaram por um trauma muito grande, e precisas que o teu organismo colabore contigo e não contra ti. Mantém horários regulares de alimentação, por exemplo pela manhã, lanche do meio da manhã, almoço, lanche da tarde, jantar e talvez um lanche leve antes de ir para a cama como gelatina, fruta ou iogurte. Deves pedir ao teu médico ou nutricionista as melhores opções para ti. Bebe 2 litros de água por dia. E tenta evitar situações de stress ou ansiedade. Vive um dia de cada vez, e tenta tornar cada um o melhor dia possível. Tu sabes que consegues, senão não estarias a ler este livro! Bora lá.

8. O ginásio

O ginásio que escolhes como o sítio onde queres treinar, é também um sítio de energia, boa energia. Já te apercebeste que as pessoas geralmente estão todas bem-dispostas lá. Ok, pode haver um ou dois mau humorados, mas o normal é haver uma energia positiva e radiante. E é muito fácil de explicar. O ginásio é onde deixamos o trabalho, tarefas, recados, filhos, cônjuges, chefes e problemas, à porta. É o NOSSO tempo. Durante aquele tempo no ginásio, estamos focadas em nós. Para além da transformação que o nosso corpo assume, com a subida de níveis de serotonina e endorfinas, que estimulam a sensação de conforto e bem-estar, os ginásios ajudam reduzir o stress e ansiedade, há muitos sorrisos e boa disposição. Se apareceres no ginásio com mau humor, cansada ou triste, isso vai durar pouco tempo. Se por acaso surgirem algumas lágrimas de tristeza, não entres em pânico, deixa a tristeza fluir naturalmente, vais ao WC, e passas um pouco de água pelo rosto, e voltas aos exercícios com calma. No final do teu treino, nem te vais lembrar daquelas lágrimas que te visitaram.

Confesso que não tenho nenhum contrato de publicidade com os ginásios ou centros de treino, mas facilmente se encontram vários estudos na internet que demonstram que os efeitos de treinar, fazer exercício, fazer desporto e especialmente em grupo, enaltece ainda mais os efeitos positivos do próprio exercício físico.

Vai haver dias que uma pessoa está triste, chateada, zangada, revoltada, mas não se desiste de ir ao ginásio, <u>especialmente nesse dia</u>, O teu dia irá virar 180º, e conseguirás mudar o desfecho do dia com uma simples decisão de ir treinar. E não esqueçamos, que a qualidade da nossa vida está assente na qualidade das nossas decisões. E tu sabes disso, acredito que sim.

Lembra-te, que tu és perfeita e única, não há ninguém como tu nesta terra, tu és especial e amada. E se o teu cônjuge faleceu e tu ainda estás viva, há uma razão para isso. Tu, e eu, devemos continuar esta jornada que chamamos de vida na Terra, com um propósito. E é por isso que temos sempre a fé conosco. E não falo necessariamente sobre a fé religiosa. Se já trabalhaste alguma vez na tua vida em direção a um objetivo, com apenas uma ideia tua, e tornaste-a numa realidade, o que te ajudou? A tua fé. A tua fé nas tuas capacidades. A persistência no desenvolvimento do teu trabalho. Acreditavas que era possível. Tinhas fé. E a fé é algo que nos acompanha na vida. Então, se não te apetece ir ao ginásio hoje, seja pelo motivo que for, vai de qualquer modo. E se tiveres um convite para ir a um jantar, ou a um evento social ou de trabalho, mas estás triste e não te apetece sair de casa...vai. Não te isoles. Tem fé. A vida continua, então vamos lá.

Às vezes ouço pessoas dizerem que deveriam ter morrido também quando o marido faleceu e que não sabem como podem continuar a viver. Sabes, quando vi meu marido morto, deitado na nossa cama, por algum motivo, um dos meus primeiros pensamentos foi: "Bem, se Deus me fez passar por isso, ele deve saber que sou forte o suficiente para aguentar isto" e aceitei aquele dia fatal com mais facilidade. Foi um mecanismo de defesa? Não sei, mas nunca questionei, e isso ajudou-me a seguir em frente. Se eu sabia o que fazer? Não! Completamente perdida, e apenas vivia um dia de cada vez, sobrevivendo. Mas o facto de estares a ler este livro hoje, dá-me muita esperança de que a minha vida, o meu caminho, possa ajudar-te. Que possas poupar tempo de simplesmente sobreviveres e que possas aproveitar algumas sugestões que dou para recuperares mais facilmente e de forma mais saudável, porque os dias em que estamos isoladas e tristes, podem se tornar em semanas, meses e até anos. Não sabemos o que está planeado para nós. Se eu soubesse na altura que teria o privilégio de amar novamente e ter filhos lindos, teria me cuidado melhor, do meu corpo e da minha mente e teria ido ao ginásio, de forma mais consistente e saudável. Há muito para viveres ainda. E é tão bom. Bora lá, não te vais arrepender.

9. Procura a natureza para a cura

Pode haver dias, horas, momentos, em que te sentes perdida, com dúvidas e preocupada, e nesses dias, uma das melhores coisas que podes fazer é olhar para a natureza em busca de ajuda, de respostas, de esperança, e da fé também. Não precisas de estar bem disposta para ir fazer uma caminhada pela natureza. Podes ir a chorar. E está tudo bem. Pega nas tuas sapatilhas e vai andar um pouco.... Melhor ideia: vai caminhar descalça na relva do parque verde, ou se tiveres uma praia perto de ti, que tal uma caminhada na praia, à beira da água, sentido os grãos de areia debaixo dos teus pé, é simplesmente fabuloso! Deixa o sol aquecer o teu corpo e sente o vento soprar o teu cabelo. Se por acaso estiveres numa zona de frio e neve, deixa que a neve caia no teu rosto com toda a sua frescura. A natureza é GRATUITA e está sempre disponível, para Ti!. É grátis! A natureza está sempre disponível para te receber e guiar. É difícil adivinhar o que pode surgir quando deixas que a natureza entre na tua vida. Podes estar a trabalhar numa ideia sobre o trabalho ou um projecto, e durante a tua caminhada até pode surgir uma ideia que desbloqueia ou impulsiona as melhores opções para uma série de situações na tua vida. Durante a tua caminhada, podes encontrar um amigo que já não vês há muito tempo, ou podes encontrar um cão perdido que te acompanha a maior parte da tua caminhada, e de repente, do nada, no teu caminho de volta para casa, algumas respostas para os teus problemas e preocupações, podem surgir "do nada".

Também pode acontecer que durante a tua caminhada na natureza até possas aperceber-te que o que parecia um desafio na tua vida, até pode ser uma oportunidade. A beleza da natureza têm estas capacidades de embelezar tudo na nossa vida. As possibilidades são infinitas. A energia que recebes destas pequenas escapadelas compensará dez vezes mais o teu cansaço ou tristeza. Poderás te sentir um pouco cansada quando voltares da tua caminhada, mas tu seguiste em frente, optaste por fazer um passo simples ou um passo pequeno em vez de ficar no sofá toda a tarde! Descansa por cinco minutos, ou dez minutos, para recuperar o fôlego e lentamente vais te sentir mais leve, com melhor humor, e poderás te sentir com energia para ir fazer outra coisa, secalhar até fazer outro passo simples neste livro.

Se tivesses ficado no sofá, depois de ver a 1ª série, mudarias o canal, ias ao wc, passavas pela cozinha, porque já tens fome (não fizeste nada para ter fome, mas ok), apanhas umas bolachas e uma cola (em vez de água), vés mais uma série na televisão e depois da segunda série, surge um sentimento de culpa, porque não foste fazer uma caminhada, não aprendeste nada, engordaste mais umas gramas com as bolachas (em vez de uma maçã) e assim vai se tornando um ciclo vicioso.... Ficaste isolada em casa, não falaste com ninguém durante 2 horas, ficaste deprimida e sem energia. Eu sei disso tudo porque já o fiz. Muitas e muitas vezes. É um ciclo vicioso, mas tu podes decidir se queres criar ciclos viciosos negativos ou positivos nos teus dias. É uma decisão que leva apenas um minuto, para te movimentares, pegares numas sapatilhas e sair porta fora. Se tiveres um cãozinho, ele (ou ela) vai te obrigar a ir à rua, ele ou ela será como um tipo de personal trainer e fará com que saias um pouco à rua. E se não fores, serás obrigada a limpar a casa ;-). Se tiveres um vizinho que te bate à porta e convida-te para ires caminhar um pouco com ele, tens outro personal trainer . E isto tudo gratis! Se a tua mãe ou teu pai te pedirem para ajudar a semear umas alfaces ou ervas aromáticas no quintal, mais uma oportunidade para ti. Mais uma oportunidade para estar ao ar livre e mexer na terra. (Pensa em comprar umas luvas de jardinagem e um boné para a cabeça). Com esta movimentação entre ti e a natureza, com práticas naturais de aproveitares a tua jornada, irás sentir outras melhorias em ti, devido ao aumento dos teus níveis de serotonina e endorfinas. Irás reduzir o risco de doenças e ansiedade, bem como reduzir os níveis de stress. Irás sentir o teu corpo mais forte, e a tua mente também. Sem te esforçares muito.

Não tens nada a perder, e tanto a ganhar. É incrível, não é? Há tantas outras atividades que podes fazer na natureza. A pesca é excelente. Golfe. Jogar futebol com a família. Frisbee na praia. Plantar árvores com o grupo comunitário. Caminhadas na comunidade. Andar na apanha da fruta. Tirar fotos da natureza. As oportunidades são infinitas. Tenta uma, ou muitas, diferentes. Podes até descobrir um hobby novo que desconheces. Experimenta. Vai buscar as tuas sapatilhas.;-)

10. Animais de Estimação

Se tens um animal de estimação, provavelmente já sabes o que vou dizer. Se não tiveres, bem, vais aprender como eu, quando tentares isto.

Nunca tive animais de estimação, bem, quando eu era pequena, os meus pais às vezes tinham alguns periquitos em casa. Fora disso, não tinha muita experiência com animais de estimação.

No ano passado, comecei a notar que os meus filhos estavam sempre nos smartphones ou no computador a jogar, e sentia que a família estava a precisar de alguma energia nova. Então, pensei em pesquisar animais como gatos e cães, no site da associação de animais da comunidade. A muito pedido da minha filha, decidimos adotar um gatinho. Foi uma das melhores coisas que fiz na vida. É claro que ficamos todos apaixonados por ela lá em casa, agora éramos uma família de cinco. Quando a vejo a brincar com os brinquedos no tapete, ou vem me acordar de manhã, para ir preparar o nosso pequeno almoço, encontro-me a sorrir sozinha. À noite, ela encosta-se aos meus pés para adormecer na cama, e acaba por aquecer os meus pés. Às vezes penso, porque é que não fiz isto mais cedo? Porque é que não tinha um gato quando o meu marido faleceu? Agora vejo como um gato, ou cachorro, poderia ter me ajudado muito naquela época. Teria sido uma fase menos solitária. Então, se não tens um animal de estimação, pensa seriamente em arranjar um. Se já tens um animal de estimação, então já sabes do que estou a falar.

Cães são ótimos para ir passear todos os dias um pouco, apanhar ar fresco, mesmo naqueles dias que não tens vontade. É por isso que os chamo um tipo de personal trainer ;-). Ocasionalmente, irás encontrar outros donos de cães no parque ou no caminho, e talvez alguma conversa simpática surja, e até podem combinar um café para o dia seguinte.

Visitas ao veterinário para vacinas e tratamentos também fazem bem, cuidando do animal que depende de nós, acaba-se por sair de casa, fazer movimento físico, ter contacto com outras pessoas, na rua e no veterinário. Existe em várias comunidades, organizações que muitas vezes fazem passeios de cães, como caõminhadas, passeios com o melhor amigo, eventos para angariar fundos para ajudar os animais locais, etc. Acabas por te entreter também quando vais comprar ração para o teu animal, experimentando uma nova marca de ração ou uns biscoitos novos, que o teu amigo vai adorar. Toda esta ocupação e distração ajuda-te a passar melhor o dia, com melhor qualidade e mais movimento.

Além disso, o facto de teres alguém para cuidar, ajuda a atenuar a sensação de algum vazio que possas sentir dentro de ti. O cuidado e o carinho que dás, e recebes, é uma das melhores sensações. Às vezes, quando o teu cão ou gato vem se sentar ao teu colo quando estás a ler, ou a escrever, parece que eles percebem que vais gostar de receber aquele carinho naquele instante. E o simples facto de saber que não estamos sozinhas em casa, e que o nosso gato ou cão está "ali" na sala ou na cozinha. Esta noção de presença em casa, ajuda-nos a não sentir sozinhas, e até acompanhadas.

É uma relação de cuidado mútuo com os nossos animais. Tão bom.

11. Alimentação e Nutrição

Cuidar de nós neste momento é muito importante. É sempre importante, mas esta é uma daquelas fases que é preciso mesmo, porque é a fase que menos queremos pensar em nós. Mas o nosso corpo, e a nossa mente, precisa de energia para funcionar, e temos que dar atenção aos hábitos saudáveis. Mantermos saudáveis e ter energia suficiente para as nossas necessidades diárias, ajudará o nosso corpo e mente a recuperar também mais rapidamente do trauma que passamos com a morte de alguém tão importante na nossa vida. Devemos escolher mais refeições saudáveis que ajudarão o corpo e a mente a avançar de forma mais decisiva e continuar a dar pequenos passos para seguir em frente.

Eu tinha muita dificuldade em manter hábitos saudáveis e nutricionais porque cozinhar apenas para uma pessoa não é divertido e era um esforço tão grande para mim. Vivi sozinha durante os nove anos seguintes à morte do meu marido. Geralmente saía para trabalhar sem o pequeno almoço e o café da manhã, para poder passar na ponte 25 de Abril antes da hora de ponta, tomava o pequeno almoço na padaria ao lado do prédio do meu trabalho. O almoço era geralmente nos restaurantes, também perto do banco, com os meus colegas. Esta seria a melhor refeição nutricional que teria naquele dia. Quando chegava a casa, arranjava uma taça de cereais com leite para comer no sofá, para o jantar. Se fosse ao shopping depois do trabalho, comia uma sopa ou outra refeição atraente disponível naquele dia. O problema de ir ao shopping era que eu acabava por ir às lojas de roupa e fazia compras que ultrapassavam o meu orçamento mensal. Mas isso fazia-me sentir bem, fazia-me sentir viva durante alguns instantes. Não há nada de que me arrependo de ter feito, ou não ter feito, na minha vida, e naquela altura, encontrei as minhas formas de sobreviver, de me sentir minimamente viva. Nunca procurei beber álcool, usar drogas ou violência para superar a minha solidão ou tristeza. Bem, eu tentei beber para diminuir a dor, mas acabava por adormecer depois do primeiro copo, portanto, não tinha muito sucesso. Poderia ter feito melhor, claro, mas isso é sempre mais fácil de dizer depois de ter passado por elas.

Comida de conforto era algo normal para mim depois do meu marido ter falecido. É por isso que eu acho que o exercício, ou ter rotinas de movimentar o corpo é tão importante, porque mesmo que haja algum exagero de alguma comida de conforto, sempre reduz um pouco o estrago ;-) Quando fazes exercício, isso também irá reduzir a vontade de procurares consolo na comida de conforto, porque estás bem, e bem disposta, porque o teu corpo estará a receber endorfinas e serotonina nas tuas caminhadas e exercícios diários. Então, é mais provável que procures te alimentar de forma mais saudável e equilibrada.

Comida de conforto pode te levar a um caminho perigoso, porque o teu corpo não recebe os nutrientes necessários para combater infecções e doenças que acabarão por surgir. Alimentos processados podem contribuir para o ganho de peso, estados depressivos, aumento do risco de doenças, até mesmo cancro. E neste momento, é possível que não estejas nas melhores condições para enfrentar e combater uma doença, então mantém-te saudável, ok?

Se não tens vontade de cozinhar, há muitas opções saudáveis hoje em dia num supermercado perto de ti. Na seção fria, há smoothies de vegetais, bebidas de frutas, uma variedade de sopas, refeições cozidas, refeições vegans, saladas, sandes, wraps, frutas, há um pouco de tudo hoje em dia.

Quando tiveres convites dos teus amigos e familiares para ires jantar à casa deles, aproveita! Se eles estão a cozinhar para quatro ou cinco, mais um não é um grande problema. Se quiseres, podes ajudar na cozinha, ou podes levar a sobremesa. Podes ter uma refeição em família, com uma refeição saudável e sentirás um aconchego tão bom na tua barriga. Se os teus amigos, ou familiares, te oferecerem um tupperware de sopa ou sobras para levares para casa, aproveita! E se não oferecerem, pede. Não tenhas vergonha. Ninguém leva a mal. Até ficam felizes que te podem ajudar na forma que precisas ou gostas. Eles gostam de ti, e fazem-no com amor. Eu aproveitava sempre que alguém me oferecia sopa para levar para casa. As minhas sopas nunca me calhavam bem, mas era algo que gostava muito, especialmente aquelas sopas de feijão à antiga.. E se sobrasse, congelava para aqueles dias que vinha mesmo a calhar ter um S.O.S no congelador. Uma sopa com uma torrada ou sandes de omelete e uma maçã, é o suficiente para muitas vezes ficar bem saciada à noite e ter uma boa noite de sono.

12. Dinheiro

O dinheiro é algo que muitas mulheres deixam de lado como assunto a tratar, e durante esta fase é algo que é muito importante cuidar.

Quando o meu marido faleceu, tínhamos seguro de vida associado à hipoteca da casa, então a hipoteca foi paga pela seguradora, e não tive mais pagamentos mensais para me preocupar. Era uma conta a menos para lidar. O facto de ter a dívida sobre a casa paga, deu-me a falsa ideia de que estava confortável na vida, porque agora era só pagar as pequenas contas mensais, que à partida deveria ser mais ou menos metade, ou um terço, uma vez que agora era só uma pessoa a viver na casa. Mas não. Não, não funciona assim! Não se divide por dois, nem por três. Mais vale não dividir por nada. Percebi que a maioria das contas, como água, luz, gás, televisão, etc, tem tarifas fixas que não são influenciadas pelo número de pessoas naquela casa. Então isso apanhou-me de surpresa. Basicamente, em média, continuei a pagar as contas pelos valores antigos, pouco mudou, e isso não me ajudou em nada no meu novo orçamento mensal. Ainda tinha o selo e o seguro para o carro, o condomínio, que não sofreu redução. Muitos podem dizer, ok, mas tinhas também uma pensão de viuvez a receber. Considerando que o meu marido era jovem, ele não trabalhou muitos anos para ter muitos descontos, a pensão acabou por refletir isso. Portanto, fica com um olho nas despesas para não seres apanhada desprevenida como eu.

Na fase em que estamos-nos a ajustar à nova realidade do nosso orçamento mensal e de todas as despesas adicionais que ocorrem nesta fase, como alteração de titularidade de bens (móveis e imóveis), de contas bancárias, e de outros serviços, é melhor ir com calma nesta fase. Até que consigas por tudo o que é teu, por direito, pelo falecimento do teu cônjuge, no teu nome, é muito trabalho e normalmente acarreta muitas despesas que desconhecemos. Então, cuidar de ti nesta fase, implica também cuidar das tuas finanças, para que possas ter o melhor futuro possível, sem o comprometer com despesas acrescidas e desnecessárias nesta fase.

Quando as águas acalmarem, e os fluxos de dinheiros mensais já estão mais normalizados, estarás em melhores condições para te sentares e veres o que podes fazer com as tuas finanças, consolidando os teus objetivos pessoais, com os teus objectivos monetários.

Se estiveres familiarizada com assuntos bancários, provavelmente terás alguma ideia do que deves fazer numa fase destas. Eu trabalhava no banco, o que ajudou muito, mas mesmo conhecendo a burocracia envolvida, dava algum trabalho. Os meus colegas ajudaram-me bastante, especialmente para que não me esquecesse de muita coisa visto que também andava cansada e desmotivada. Então, se tens uma conta conjunta, ou contas conjuntas, não é aconselhável ter uma conta com um titular de conta que faleceu. Então, a primeira coisa que te vão pedir é abrir uma conta no teu nome, ou com alguém da tua confiança, e comeces a transferir ordenados, rendas, contas de água, luz, gás, e outros débitos para a nova conta. Isto pode levar dois ou três meses até que todos os rendimentos e débitos estejam associados à nova conta, após o qual podes fechar a(s) conta(s) antiga(s). Ter alguém de confiança que possa aceder à tua conta pode ser importante para ti, especialmente nas fases que podes precisar de viajar, ou estás doente, etc. em que pode ser preciso aceder à sua conta bancária para pagar as contas do hospital, pagar alguns custos de manutenção na tua casa enquanto estiveres no hospital, ou por algum outro motivo. Pergunte ao seu gerente de banco sobre todas essas opções, e vejam as soluções que se encaixa melhor para ti, e segue em frente.

13. Seguros

Quando comecei a tratar de algumas burocracias depois de ficar sozinha, uma das primeiras foi o seguro de vida associado à hipoteca da casa, possivelmente por ser o maior encargo mensal que tinha na altura. Por acaso, foi um processo bastante simples, mas que tinha de ser tratado. Fui ao banco e levei uma pasta de documentos que incluía o assento de óbito do meu cônjuge, cópia do certificado de óbito, e os meus documentos pessoais. Preenchi os formulários solicitados pelo banco, e a seguradora, e eles trataram de tudo. A hipoteca foi paga ao cêntimo. O banco depois ligou-me para me deslocar à sucursal para terminar o processo e encerrar a conta associada. Poderemos ter outras apólices de seguros, que terão de ser ativadas, associadas a outros tipos de empréstimos ou apólices de capitalização, ou também apólices nas entidades patronais do falecido, como seguros de vida ou ppr´s (plano poupança reforma). Basicamente, o processo é ir até o escritório do emissor, preencher os formulários necessários e ativar o seu reembolso. Podes querer verificar e analisar outras apólices de seguros que tenhas em vigor, fazer uma revisão para ver se faz sentido ficarem como estão ou se deve haver algum ajuste ou atualização em virtude dos acontecimentos sucedidos. Não tenhas medo de fazer perguntas. Não nascemos ensinados, certo? Estamos todos a aprender. E só conversando uns com os outros é que aprendemos e evoluímos, construindo vidas melhores para nós mesmas.

14. Contas mensais e débitos diretos

Se a maioria das contas de serviços e débitos diretos estiverem no teu nome, terás muito menos trabalho, mas talvez seja necessário alterar o número da conta associada aos serviços em curso, como a água, luz, gás, seguros, condomínio, etc.. Isto normalmente pode-se fazer on-line, no site de cada entidade. Pode levar 10 a 20 minutos, dependendo se és o utilizador do serviço no portal online. Se os vários serviços públicos e privados estiverem no nome do teu falecido, terás que descolar a cada entidade para fazer a alteração de nome, titularidade, e alterar o número da conta associada. Terás que levar a certidão de óbito, uma cópia da última fatura, comprovativo de IBAN, e os teus documentos pessoais. Alguns serviços poderão ser simplesmente cancelados porque não serão mais úteis, ou não farão sentido para ti.

Enquanto estiveres a tratar destes assuntos, podes perguntar se há melhores condições, ou preços, em serviços semelhantes que sejam mais vantajosos para ti. Se o contrato anterior tinha melhores condições, o melhor seria simplesmente manter e proceder à transferência de nome em vez de cancelar e iniciar um novo. Se o novo for mais vantajoso, fixe! Pergunta sobre isso. Com o dinheiro que poupamos nestes serviços podemos juntar para umas férias, ou um jantar com amigos, ou comprar aquele livro que andamos a namorar. Aproveita!

Às vezes, se não fizermos perguntas sobre tcoisas, a pessoa que nos está a atender pode esquecer, porque geralmente, e já me aconteceu muitas vezes, ficam sem jeito e triste pela infelicidade que nos aconteceu, que esquecem-se de nos propor outros serviços ou ofertas que a empresa tem à disposição para os seus clientes. A culpa não é deles. É normal, acredita. As pessoas ficam tristes com a nossa tristeza e temporariamente ficam com a mente um pouco bloqueada, senão não seriam seres humanos, certo? O mesmo poderia acontecer conosco se os papéis fossem invertidos.

Durante estas tarefas, tenta torná-las menos pesadas e chatas, e tenta transformá-las numa experiência mais agradável. Se for possível, vai a pé e deixa o carro em casa. Apanha um pouco de sol no caminho e sente a brisa do ar livre no teu rosto. E se estiver a chover, também não faz mal. Uma chuvinha também sabe bem no rosto, porque não. Estamos vivas! Leva um livro para ler um pouco para ler enquanto esperas a tua vez. Se possível, tenta evitar as redes sociais no teu smartphone. As redes sociais contribuem para o isolamento, tristeza e estados depressivos. E normalmente cuidar desses assuntos já é um pouco triste e depressivo, então vamos lá tentar equilibrar isto com alguma energia mais fofinha. Fica atenta a novas possibilidades. Podes ver um vizinho também à espera da vez dele e porque não começar uma conversa leve sobre o tempo ou sobre as festas do concelho no próximo mês? Se estiveres ligada ao telefone ou à social media no telemóvel, não verás ninguém ao teu redor.

Quando chegar a tua vez de seres atendida, tenta que a conversa seja mais sobre ti e não sobre quem faleceu. Tu és a pessoa que precisa de ser atendida e cuidada agora. Pergunta sobre tarifas e ofertas atuais da empresa e vê qual é a melhor situação para ti. O foco da conversa passará para as questões relacionadas com as tuas necessidades de prestação de um serviço, e a energia melhorará. Se não entenderes alguma coisa, pergunta educadamente se podem explicar de uma maneira diferente, porque podes não estar a perceber, e está tudo bem. Sente-te à vontade para fazer alguns apontamentos pessoais.

É tanta informação nos dias de hoje, que é normal esqueceres alguns detalhes. Portanto, deixa que a empresas te ajude a disponibilizar a melhor oferta que tem para te apresentar, e que seja o melhor negócio para ti. E as coisas mudam, há sempre novas tecnologias e atualizações que provavelmente não estavam disponíveis na última vez que subscreveste um serviço destes, então sente-te à vontade para fazer perguntas e esclarecer dúvidas.

Quando acabares, tenta fazer algo suave. Vai lanchar à pastelaria local, ou algum lugar familiar para ti, onde vais ser servida com um sorriso caloroso. Conversa com as pessoas, vai ao ginásio, vai a uma aula de natação, aumenta a energia positiva em teu redor. Haverá muitos destes assuntos para cuidar, e se não equilibrares isto com energia alta e positiva, pode acontecer que aos poucos, a energia baixa, ficas desmotivada, triste, desinteressada, e acabamos por entrar num registo negativo na nossa saúde emocional, física e mental, e isso não interessa a ninguém, só à indústria farmacêutica. Portanto, sé gentil contigo mesma. Bora lá aproveitar o dia.

15. Segurança Social

Dependendo das circunstâncias de descontos de cada um e do teu cônjuge, podes ser elegível para apoios de viúva, ou sobrevivente, depois do falecimento do teu cônjuge. Podes deslocar-te aos postos de atendimento do governo local e/ou segurança social e solicitar informações e orientações. Na maioria dos casos, existe a possibilidade de acesso ao pagamento de uma pensão mensal, normalmente subjacente ao plano de descontos e tempo de trabalho do falecido. Quando o meu marido faleceu, simplesmente dirigi-me à segurança social da minha zona de residência, preenchi os formulários e entreguei o meu IBAN e restantes informações. Às vezes as pessoas diziam-me: "Ah, tu agora não te voltas a casar para não perder a pensão do seu marido", eu penso, tipo, sério? O meu marido tinha só 29 anos quando faleceu e tinha trabalhado 10 anos, com salário mínimo. É fácil de fazer as contas. Quando ouvimos estes comentários, primeiro, nem estamos preparadas para os ouvir. Além disso, estamos muito longe de pensar em namorar novamente ou nos apaixonar novamente, muito menos em nos casar novamente. Eu tinha uma pensão modesta, e às vezes acho que as pessoas deviam pensar que eu tive uma pensão milionária com base em que informação? Mas evitei entrar em detalhes com as pessoas que faziam esses comentários, porque não era a hora ou o lugar certo, então evitava a situação e mudava de assunto. Não estou a dizer que é a atitude certa, mas acho que há assuntos que são da conta de cada um. Sou grata por aquilo que o meu marido me deixou e isso não tem de ser objecto de discussão geral, há coisas que são só da nossa conta.

Então, dá para perceber por que é importante se manteremos saudáveis e fortes, fisicamente e mentalmente, porque se a tua energia estiver baixa e fazem te uma pergunta destas, é mais que natural que respondas de uma maneira que te vais arrepender dentro de uma hora. Confesso que é aqui que as habilidades de usar a meditação e a respiração ajudam muito.

;-)

16. Seguros e apólices de Plano Poupança Reforma

Se o teu cônjuge tinha algum tipo de apólice de poupança, nomeadamente reforma, a título particular, como algum benefício na empresa, normalmente, depois dum falecimento, é possível os herdeiros legais pedirem o reembolso antecipado, e que é normalmente creditado na conta bancária. Podes, e deves, dar uma vista de olhos pelos extratos bancários e extratos de seguradoras, e procurar apólices de poupanças que deverão ser tratadas. Adiar esta questão, não te ajudará. Trata e aborda a questão, isto não é uma questão difícil. Podes pensar que estou a ser chata e exigente, mas a sério, esta é uma daquelas fáceis. Nem que trates um banco ou seguradora por dia. Normalmente, irás precisar de levar a certidão, ou assento, de óbito, possivelmente a habilitação de herdeiros, bem como a tua documentação pessoal. Se estiveres com dúvidas naquilo que deves fazer com os fundos, na dúvida, coloca numa poupança, e voltas ao assunto da poupança (que é noutro capítulo), noutro dia. Mas vais te sentir bem, porque despachaste um assunto hoje, que não estás a adiar, sentes bem e sabes que ainda te vai saber melhor daqui a uns tempos, quando tiveres mais coisas fixes para fazer, e isto já está tudo tratado. Aproveita e vê outras apólices que podes ter no teu nome ou que estão sob a tua responsabilidade, como descendentes ou ascendentes. Normalmente, o banco, ou serviço financeiro, irá sugerir outros planos de poupança, ou plano de poupança reforma, e geralmente estes são uma boa aposta para continuar com estes planos no teu portfolio. Se precisares do dinheiro, total ou parcialmente, tu sabes melhor, mas, se possível, tenta economizar o máximo de dinheiro que puderes durante essa fase. Até que as coisas se assentem melhor e tratares da maior parte da papelada burocrática e das suas despesas, mantém a maior parte das tuas economias de lado.

Se considerares o plano de poupança reforma, ou PPR, geralmente este tipo de poupança atribui benefícios fiscais, aproveita e pergunta ao gestor bancário ou mediador sobre isso.

O plano de poupança reforma poderá ter diferentes rentabilidades, dependendo do ativo subjacente ao plano. Por exemplo, se for uma poupança com base em títulos públicos e depósitos bancários, dará uma rentabilidade mais reduzida, mas será mais estável, o que é bom para o investidor conservador. Se fores mais jovem e o prazo da poupança será superior a 10 anos, é natural que terás melhores rentabilidades e estando também o fundo alinhado com o desempenho do mercado de ações. Estudos têm mostrado que os mercados de ações continuam a dar os melhores resultados num investimento de longo prazo.

Pergunte, e peça algumas opiniões. Não tenhas medo de ir a mais de uma instituição financeira e tirar dúvidas sobre o que elas têm para oferecer neste ramo. Além disso, procura escolher uma instituição que tenha boa credibilidade no mercado para estares mais tranquila possível.

17. Poupança

É importante manter algum tipo de plano de poupança, principalmente neste momento, em que poderás ser só tu o principal sustento na tua casa. Pode haver momentos em que há mais mês no final do dinheiro, e pode surgir alguma emergência como problemas de carro ou algum arranjo em casa e assim terás algumas poupanças de lado.

Existem muitas teorias sobre a forma de poupança e gestão de poupanças, mas a generalidade remete para a estratégia de ter 3 contas poupança:

1. Uma conta de poupança com um período de 6 meses (renovável a cada 6 meses), utilizável em tempo real. Esta conta terá ganhos quase nulos, e é basicamente geografia, então não está na tua conta à ordem.

2. Uma conta de poupança com um período de 2 a 5 anos, que não esteja acessível durante esse período para que possas ter rendimentos mais altos do que a 1ª poupança indicada..

3. Uma conta de poupança com mais de 5 anos, provavelmente um plano poupança reforma,

indexado a ativos do mercado de capitais (ações), e idealmente com benefícios fiscais, resultando assim em rentabilidades superiores.

Resumindo, uma conta onde é basicamente geografia, está imediatamente disponível e simplesmente não está na tua conta à ordem, então não receberás muita rentabilidade aqui, mas é apenas para manter o dinheiro de lado para pequenas emergências. Outra conta com um período de dois a cinco anos, onde não é tão fácil de usar, mas terá melhor rentabilidade. Depois, uma 3ª conta que é de mais de cinco anos até à reforma, onde basicamente esqueces este dinheiro. Aqui, podes usar um investimento de maior risco, como investimentos no mercado de ações, porque ao longo do tempo, o mercado de ações deu sempre boas rentabilidades, acima da média em comparação com outros instrumentos financeiros. Mas estes investimentos precisam de tempo para crescer, e não podes estar a precisar deste dinheiro, porque no dia que vais precisar, ele pode não estar lá, sim, porque tem risco de capital também. Então, fala com o teu gestor financeiro, e verás a vantagem de ter estas três contas ou planos financeiros. Tenta obter um mecanismo de dedução automática na tua conta, que descontará uma percentagem do teu rendimento para cada uma das contas quando recebes vencimentos ou outros rendimentos. Desta forma, não verás o dinheiro e não adiarás a transferência de fundos. Isto pode parecer muito trabalho, mas quando tudo estiver automatizado, está orientado e tudo o que irás precisar é simplesmente monitorizar os teus extratos bancários mensais para ter a certeza de que tudo está a funcionar bem.

Monitorizar os teus extratos bancários e financeiros é um trabalho importante. Basta uma vez por mês, mas deves manter-te atualizada sobre os teus assuntos financeiros. Se algo não estiver bem ou se tiveres dúvidas sobre algo, pergunta ao teu gestor. O dinheiro é teu, tens esse direito. Às vezes, pode haver atualizações no regulamento do banco ou uma das tuas contas de poupança chegou ao fim, e poderá estar noutra conta, que secalhar não sabias. É a tua responsabilidade cuidar destes assuntos. Eu costumava ter clientes que diziam: "bem, o banco deveria saber". Não! O banco não tem de saber ou adivinhar o que o cliente quer. Cada pessoa tem necessidades e desejos diferentes, e o banco não fará nada sem o cliente dar ordens expressas, por escrito, daquilo que pretende, dentro das opções disponíveis.

Tu podes achar estes assuntos chatos e deprimentes, mas eles são muito importantes, então cuida deles. Não te esqueças, a seguir, vai almoçar com um amigo ou beber um chá com uma amiga, ou porque não visitar o museu perto da tua casa? Desta forma, conseguimos equilibrar as coisas, ao cuidar das tarefas mais intensas e equilibrá-las com bons momentos durante, ou depois, para evitar que a energia positiva diminua. Nós precisamos de ser saudáveis e fortes para manter a nossa mente a funcionar para que possamos fazer desta vida o melhor possível. Avançar e assumir estes passos é importante, mas não precisa de ser necessariamente um pesadelo. Estamos a criar a nossa vida, por isso deve ser também com emoção e paixão. Ao planear a tua carteira de investimentos financeiros, podes estar alinhada com os teus objetivos de viajar, e assim tornar todo este processo como uma aventura também.

Na conta de curto prazo, a primeira de que falamos, podes juntar dinheiro para um fim de semana no próximo mês com os teus amigos num hotel na serra ou mesmo uma semana num apartamento na praia, que esteja a 5 minutos a pé de distância da agua.

Numa conta poupança com o prazo médio de 2 a 5 anos, podes incluir uma parte para uma ou duas viagens, a lugares que sempre pensaste visitar, como Paris, Istambul, Nova York, Toronto, e/ou Alasca.

Numa conta com prazo superior a 5 anos, provavelmente haverá uma parcela que irá garantir algum dinheiro para uma viagem ao Taj Mahal, a Bali ou à Austrália na reforma.

Reserva um tempo para também sonhares e criares com a tua imaginação, enquanto avanças com estes pequenos passos, porque os sonhos de hoje são a realidade de amanhã. À medida que começas a sentir-te melhor e mais forte, vais viajar e ver o mundo. Bora...

18. Subscrições e contas mensais

Com o tempo, vais começar a notar as subscrições mensais e as cartas (agora mais por email) que vêm no nome do teu cônjuge, e que terão que ser tratadas. Terás de decidir se manténs ou cancelas, dependendo do assunto. A maioria das assinaturas podem ser canceladas online, basta enviar uma cópia da certidão de óbito do teu marido e uma cópia da tua documentação pessoal. Se quiseres manter a assinatura ou subscrição, é uma questão de transferir o nome para o teu e isso vai de acordo com o que falamos no passo nº14. Se houver melhores ofertas disponíveis, pensa em iniciar um novo contrato, mas verifica sempre com serviço de apoio ao cliente da empresa sobre isso. Se decidires cancelar, muitas pessoas pensam que basta cancelar o método de pagamento associado ao contrato que será cancelado por falta de pagamento. Não! Só se o contrato inicial indicar por escrito algures que o contrato é cancelado após um determinado número de dias, por falta de pagamento. Se isso não estiver no contrato, as faturas continuarão a ser emitidas e um dia poderás ter uma empresa de cobranças à tua porta, pronta para ameaçar com cartas rudes e prontas para penhorar bens até que eles receberem o seu dinheiro. Eu sei, já me aconteceu e aprendi a lição. E não é nada simpático receber cartas com o nome do teu cônjuge que indicam que ele não está a cumprir o contrato. Não é nada agradável. Portanto, não deixes que estas cenas se prolonguem por muito tempo. Os contratos devem ser oficialmente cancelados. Cuida das assinaturas mensais e subscrições mensais, cancela oficialmente ou transfere o nome para o teu. Não precisas de tratar de todas as assinaturas mensais, todas num dia. Podes decidir tratar de duas ou máximo três, e depois ir fazer uma caminhada no parque, ou ir ao cinema ou ao ginásio. É uma boa ideia tratar destes pequenos passos antes de ir para o ginásio. Desta forma, consegues tratar das burocracias, e se te sentires que vens que um peso em cima de ti ou triste, consegues descarregar emoções que não contribuem para o teu bem estar no ginásio e vais sentir que tiveste um dia espetacular. Trataste de cenas que podes riscar da tua lista, não procrastinaste, e descarregaste de forma saudável e ainda vens mais tonificada depois do treino e dormes melhor. Um efeito cascata espectacular.

Podes estar muito orgulhosa de ti mesmo. E deverias de estar. Estás a aprender a equilibrar cenas que te baixam a energia com coisas que te elevam a energia. Estás a aprender a equilibrar a baixa energia com alta energia, somando passos simples feitos e criando uma melhor vida para ti, muitas vezes sem grande esforço. Vés como podes articular pequenas coisas de forma leve e equilibrada, e saudável. É tão bom, não é?

19. Património

Cuidar do património pode ser um daqueles passos que pode levar mais algum tempo, e provavelmente ter custos mais elevados associados. Tudo que seja imóveis, terrenos, carros, etc, que tenhas herdado terão que passar aos legítimos herdeiros, e terás de identificá-los e paulatinamente registar a alteração de titularidade. Isto pode parecer difícil, mas não, basta levares os documentos que já falamos noutros passos, aliás, já deves ter arranjado uma pasta só para estas cenas ultimamente porque acaba por ser repetitivo, mas o essencial é isso. Podes ir à repartição de finanças mais próxima da tua residência, e iniciar esta aventura. Podes pedir uma lista de todos os bens, para te ajudar a orientar, pedir ajuda ao funcionário das finanças para iniciar o processo, e basicamente começar. Começar é o mais difícil. Depois é passito a passito. Sem stressares, ok. É normal que às vezes seja necessário reforço de documentação, e não há necessidade de stress porque ninguém nasce ensinado, e mesmo que nascessem, as regras e leis estão em constante evolução, por isso, um passo e um dia de cada vez. O importante é continuar, não desistir e fazer progresso. Sempre que não perceberes algo, pede para esclarecer, ou repetirem por outras palavras. Não tem mal nenhum. Algumas pessoas contratam advogados ou solicitadores para cuidar dessas questões, mas às vezes não há muita necessidade. Os honorários são um custo adicional nesta fase que pode não ser oportuno, e, mais cedo ou mais tarde, terás de estar a par e compreender todo o património que tens, então esta é uma boa maneira de fazer isso. O tempo dedicado a estes passos, são bons por vários motivos. Como já referi, é importante que estejas a par de toda a informação relacionada com o teu património, é teu. Podes aproveitar esta fase para te lembrares de todas a memórias boas ou impactantes que se passaram com o teu cônjuge, com a família, com amigos. Às vezes ao lembrar destas coisas acabamos por internamente fazer mais um luto do passado, sem nos apercebermos, e isso é bom. Se acontecer chorares umas lágrimas aqui ou ali, está tudo bem. Olha, acabas por poupas dinheiro numa sessão de psicologia ;-) É normal. Estas mudanças também mexem com as nossas emoções, o que pode assim causar alguma dor e desconforto, mas fazem parte do processo. Esta fase é importante, em tudo que já referi, o tratamento processual necessário, o mexer nas papeladas para te habituares, o mexer nas emoções, que também acabam por te ajudar a lidar melhor com estas mudanças todas que estás a viver e que fazem parte do teu processo evolutivo como ser humano. Permite-te sentir o que sentes no teu coração.

Quando estiveres praticamente a findar este processo, em que já recolheste toda a informação, estás a tratar das cenas, podes começar a perceber o que te faz sentido manter e o que achas que está no momento certo para desapegar e vender. Às vezes é bom simplificar a nossa vida. Podes falar com um agente de imobiliário para te ajudar a promover os bens e encontrar as melhores propostas para ti. Podes entender que não precisas de uma casa grande e basta ter um apartamento. Podes entender que já não são necessários dois carros, vendes um ou vendes os dois e mimas-te e compras um mais bonito e prático para ti. Este é também um excelente momento para também fazeres planos sobre o futuro próximo, para te ajudar a tomar algumas decisões neste momento.

Os custos associados à alteração do nome nos ativos imobiliários podem afetar um pouco as tuas finanças, portanto, fica atenta às tuas despesas e à tua conta bancária neste momento. Nesta fase, até sugiro manteres uma lista das despesas e os custos associados a estas questões burocráticas à medida que vais avançando, e podes querer manter os recibos por algum tempo. Ou até podes fazer um registo e arquivo digital ou em excel. Eu digo isto porque a determinado tempo eu não percebia para onde ia o dinheiro, e como andava ainda um pouco com a cabeça no ar, seja pelo falecimento, pelo cansaço, pela medicação, a verdade é que às vezes não me lembrava de muita coisa. E quando observava as despesas, não entendia para onde o dinheiro ia, e pensava que estava descontrolada a gastar. Mas a verdade é que este processo de custas com burocracias, é pesado no orçamento. Por isso é que no início deste livro disse que vai com calma com os gastos nesta fase. É importante também sentires que tens algum controlo sobre a tua vida, e mantendo este pequeno arquivo temporário ajuda a perceberes para onde tem ido o dinheiro, e até ajudar-te a tomar decisões sobre o património. Assim, quanto mais firme estiveres, com pés assentes na terra, registando estas informações caso seja necessário consultar, e manter o teu journaling ajudar-te-á a sentires mais calma, maior certeza e mais energia.

Manter recibos e registo das contas também pode ser útil para deduzir nos teus impostos no primeiro ano de seres viúva. Fala com o teu contabilista sobre isto. E aproveita também para perguntar sobre possíveis deduções fiscais extras neste momento difícil. Às vezes, há deduções fiscais no teu país/distrito, e às vezes descobrimos 3, 5 ou 10 anos depois, quando já não somos elegíveis. Este é o momento perfeito para antecipar possíveis deduções e benefícios fiscais. Na dúvida, pergunta sempre. Quanto mais tempo demorares a abordar estes assuntos, o período de elegibilidade expira e já se foi.

Podes procurar outros benefícios disponíveis para viúvas, na tua região. Em alguns lugares, as viúvas podem solicitar tarifas mais baixas nas contas de água, luz ou gás, hospital, etc. Não tenhas vergonha de perguntar. É um fato. És viúva e existem benefícios disponíveis. Então, pergunta nas empresas de agua, luz, gas, repartições públicas, centros comunitários, etc. Se conseguires reduzir as tuas despesas e economizar mais dinheiro, aproveita. É uma prenda para ti. Aceita graciosamente.

Se estás financeiramente estável, e o dinheiro não é um grande problema para ti, podes não querer usar nenhumas destas opções disponíveis, mas pensa duas vezes sobre isso, ok? Podes usar o dinheiro em tantas opções, como colocá-lo na tua conta poupança, podes fazer uma viagem de fim de semana para um resort de natureza. E que tal uma tarde de sábado no spa ou uma ida ao cinema com um amigo? Ou por que não doá-lo ao hospital infantil local? Algo que te irá sentir viva e presente nesta vida. Algo que faça sentido para ti.

A seguir a estes pequenos passos? Yes, um passeio pelo parque da cidade, um geladinho com um amigo na esplanada, ou uma ida ao ginásio. Não estás sozinha, ok.! Há muita ajuda por aí. E aqui tambem. Okay?

20. Assistência legal e jurídica

Depois de analisares o teu património, as questões envolvidas e achares que irás precisar de ajuda para resolver estas questões burocráticas, podes efetivamente pedir a um advogado ou solicitador para resolver as coisas na tua representação. Ao entregares esta tarefa a alguém, há cuidados a ter na mesma. É necessário que efetivamente o trabalho fique concluído e que estejas a par de todo o patrimônio envolvido e tratado. Durante os 23 anos que estive na banca, atendi muitas mulheres que não estavam a par do seu património, das suas obrigações legais e responsabilidades. Todos os bens e assuntos são do teu interesse e se algo não for cuidado adequadamente, ou ao teu gosto, mais cedo ou mais tarde, terás de resolver, e depois pode já estar numa fase complicada. Eu sei que estes processos poderão não ser fáceis, mas já sabes que tudo o que empurramos com a barriga estamos a protelar e procrastinar, e irá voltar a pedir as nossas atenções e poderão já vir com problemas, e despesas, depois muito avançadas. E depois não adianta dizer que a culpa não é tua, ou que é de outra pessoa. Os bens são teus, é a ti que vão pedir explicações, e pagamentos. Qualquer dúvida que tenhas, em todas as questões, em qualquer dos processos, pergunta e aponta. Se não compreenderes à primeira a resposta que te dão, reformula a tua pergunta e insiste até entenderes ou que sejas encaminhada para outro serviço ou conjunto de instruções. Não precisamos de ser fortes em tudo. Se não entendermos algo, não há problema em dizer: "Desculpa, estou preocupada em esquecer isto, é muita informação neste momento, deixa-me apontar isto no meu caderno, ou telemóvel". E está tudo bem. Secalhar há palavras e nomes técnicos que estás a ouvir pela primeira vez, e é tudo informação nova. E está tudo bem. Tem calma contigo mesma, e reserva um tempo para aprender e assimilar as informações. Não te esqueças de ir caminhar 45 minutos hoje e passa na cabeleireira para lavar e secar o cabelo. É tão bom!

21. Relacionamentos

Há um grande perigo em te isolares nesta fase, a minha sugestão é tentar evitar uma situação dessas. Houve momentos em que eu queria ficar sozinha, simplesmente para deixar a minha cabeça descansar e recuperar, do trauma, do cansaço, de toda esta nova mudança repentina, de tanta informação, e na verdade, o que acabava por acontecer é que descansava por uma ou duas horas, mas aos poucos, passava a 3 horas....4 horas.... e nem me apercebi que estava a caminho de longos períodos de isolamento e, consequentemente tristeza, ansiedade e uma depressão. Isto tornou-se num ciclo vicioso e perigoso. Por isso, mereces descansar, sim, mas também mereces estar com aqueles que amas e te amam e que te apoiam neste momento. Se tens vontade de chorar quando estás com os teus amigos, pais ou colegas, vai 5 minutos ao wc e permite-te sentir. E está tudo bem. Depois regressa aos teus amigos e familiares. Eles vão compreender. Lembro-me de dormir durante dias seguidos, e depois acordar por uma ou duas horas e adormecer novamente, sem saber muito bem que dia era e não entender muito bem onde estava, se eu estava no meu apartamento ou na casa dos meus pais. Pode parecer incrível ou não, mas aconteceu-me. Nunca percebi se foi da medicação que os médicos receitaram ou se foi do cansaço, do choque e/ou do luto. Não sei exatamente. Só espero nunca mais ter que passar por aquilo na minha vida. Entendo que nada está garantido na nossa vida, mas fiz uma jornada tão grande na tentativa de sobreviver, manter o meu norte e conhecer novas pessoas. Mais tarde, tentei aprender mais sobre mim, sobre as minhas emoções e tentando encontrar métodos para lidar com as adversidades que surgiam na vida. e desta forma tentar métodos sem recurso a medicação. Por exemplo, fiz um curso de PNL, programação neurolinguística, e aprendi uma série de métodos para reduzir a ansiedade e aprender a mudar os meus pensamentos e comportamentos, com o objetivo de melhorar o meu estado emocional e mental, e melhorar os meus relacionamentos.

Existem muitos tipos de relacionamentos que podemos ter nas nossas vidas: um relacionamento conosco mesmas (o mais importante), um relacionamento romântico, um relacionamento casual, um relacionamento platônico, um relacionamento aberto ou até mesmo um relacionamento tóxico.

Algum tempo depois do meu marido falecer, talvez 12-18 meses depois, tive alguns relacionamentos casuais, não muitos. Todas pessoas simpáticas, meigas e respeitosas. Às vezes começava com um jantar, num restaurante simpático, com comida fantástica e excelente companhia. Outras vezes, era só beber um copo numa sexta-feira à noite e uma coisa levava a outra.

Lembro-me de uma vez que havia um fulano que achava que eu queria um relacionamento mais sério na época, e houve uma tarde que ele disse-me que não queria andar mais comigo. O motivo dele é que ele não conseguia se ver a levar uma viúva para casa, para conhecer os pais. Fiquei parva a olhar para ele. Primeiro, senti que a viuvez fosse uma doença que as pessoas tinham medo que propagasse. Segundo, eu não estava interessado em nenhum namoro fixo, ou casamento, para ter que conhecer os pais de quem fosse. Ainda desconfiei que fosse a desculpa que ele queria usar, para se livrar de mim e avançar para outra. Eu nem lhe tinha exigido exclusividade. O gajo era mesmo vaidoso. Seja qual fosse o motivo, que eu nem me interessava muito, mas a situação me levou a perceber que a palavra viúva era muito complicada para os homens. Para as pessoas.

Pode parecer que me afetou, mas não tanto quanto isso. Até foi fixe para divertir um pouco, rir um pouco e sentir-me viva um pouco.

Existem infinitas possibilidades que podem levar a que cruzemos o nosso caminho com o caminho dos outros, em vários momentos diferentes, mas hoje posso dizer que a relação mais importante é aquela que tenho comigo mesma. Eu não vivi a minha vida da maneira que os outros esperavam que eu o fizesse. Não baixei os braços, levantei-me sempre, queda após queda. E aconteça o que acontecer, sempre serie grata pelas experiências que tive na vida, porque fez-me a pessoa que sou hoje.

Nesta fase, podes querer procurar ajuda para melhorar a relação, contigo mesmo, contigo primeiro. Se puderes fazer isso agora, ou pelo menos começar, isso seria muito bom. Porque se não te apetecer fazer agora, vais ter que fazer, mais cedo ou mais tarde, e quanto mais tarde, mais obstáculos terás que enfrentar no caminho, até que o faças. Eu não percebia isto. Por isso é que às vezes dizemos que "parece que está tudo a correr bem, e de repente levamos uma cacetada. Pois, porque não estava a correr bem. Estamos a evitar detalhes importantes na nossa vida, e então, a vida acorda-nos para nos lembrar.

Durante a minha caminhada da minha vida, percebi que tinha que me perdoar por me culpar pelo falecimento do meu marido. Sim. Os "se" assombravam-me. "E se eu tivesse trabalhado menos horas e o visse a emagrecer mais cedo? E se tivéssemos ido ao médico mais cedo? E se a operação tivesse sido mais cedo e se tivesse procurado outro médico? E se comêssemos refeições melhores? E se eu não tivesse cortado nas contas do supermercado e tivesse comprado alimentos de melhor qualidade? Se tivéssemos ido a outro hospital para uma segunda opinião, teríamos tido um resultado melhor?" Percebi que andava-me a castigar há anos, e tinha que encontrar uma maneira de me perdoar. Demorei muito tempo para fazer isso. Doí. Doía. Eu sentia os sentimentos e deixava-os de lado, até que atropelava neles.

Quando comecei a ter uma relação mais séria com o meu namorado e ele foi viver para a minha casa, às vezes ele adormecia no sofá, e eu parava para olhar para ele, até que confirmava que ele estava a respirar. Quando a nossa filha nasceu, comprei um monitor de movimento de bebé para colocar por baixo do colchão, aterrorizada com a SMSL (síndrome da morte súbita infantil). Não podia passar pela mesma experiência novamente. Isto durou muitos anos.

Então, toma conta de ti e cuida de ti. Não vale a pena sermos corajosos e pensar que podemos fazer tudo sozinhas. Eu fiz isso e foi duro. Na altura só me lembrei dos métodos de medicina tradicional, mas há tanta informação disponível hoje em dia, tantas terapias alternativas e opções de desenvolvimento pessoal. Poderás achar que diversificar é bom, tentar uma abordagem por um tempo, ver como vai, um ano depois, podes querer tentar outra abordagem, ou até complementar com a tua atual. A autoajuda é tão importante hoje em dia, e está disponível.

Então começa a investir de novo em ti, numa versão mais avançada e evoluída da tua pessoa, isto é um processo contínuo, até chegar ao nosso último dia de vida. Ao irradiar a tua luz, o teu brilho, o teu sorriso, vais ser mais feliz, e as pessoas certas vão ser atraídas a ti. Para ti. Não tens nada a perder, e tudo a ganhar.

Vais buscar as tuas sapatilhas, porque a tua amiga está no café à tua espera para irem fazer uma caminhada. Bora lá.

22. Casa-
O destralhar e a arrumação

A manutenção, ou limpeza diária, da nossa casa é algo necessário na nossa vida, tenhamos ajuda a fazê-lo ou fazemos nós. Se tens alguém que trata deste assunto, terás algumas tarefas mais fáceis e cuidadas, mas é sempre preciso alguma orientação tua, um toque pessoal daquilo que gostas e preferes. Se for este o teu caso, aproveita este apoio para ajudar nesta fase com a arrumação das roupas do teu cônjuge para a garagem numa primeira fase, os sapatos, as papeladas, e outros artigos. É algo com que irás ter que lidar e com esse apoio disponível, é muito mais fácil.

Podes ter familiares e amigos que te ajudam, e isso é muito bom. A companhia de pessoas à tua volta tornará as tarefas mais leves e menos deprimentes. Pode até ser mais agradável, com um almoço pelo meio, enquanto se lembram de algumas memórias engraçadas, e depois uma caminhada ao café, uma risada aqui ou ali, e talvez uma lágrima ou duas, e está tudo bem. Estás segura, estás num lugar seguro para rir, e deixar umas lágrimas cair. Se estiveres um passo mais à frente e com coragem, o destralhar de toda a roupa irá te libertar emocionalmente e mentalmente, preparando-te para uma nova energia, na tua casa e na tua vida. Podes preparar 3 secções, uma para vender algumas cenas do teu cônjuge, que achas que tem possibilidades de venda, a 2a secção onde podes colocar as cenas para doação, para o centro comunitário ou associações, e uma 3a secção para tudo que aches que jã não tem condições e vai para o lixo. À medida que pegas cada peça, aproveita esse tempo para apreciar e sentir grata por tudo o que esse item trouxe para a tua/vossa vida, e decide qual será o seu futuro, se queres vendê-lo, doá-lo ou se segue para o lixo. O que sentires e o que vier ao teu coração, essa será a decisão certa. Sê gentil contigo mesma. Não há necessidade de te apressares e, embora perder o nosso cônjuge possa ter sido um evento inesperado e rápido demais, não temos que largar as memórias assim de repente. Devagar, tudo na sua calma, pequenos passos, sem te abalar. Se sentires que a energia está a baixar muito em ti, inverte-a. Vai fazer uma caminhada, ou descansar na praia, ou beber um cházinho com uma amiga.

Se a limpeza e a manutenção da casa estiver por tua conta, podes equilibrar nesta fase entre fazeres sozinha e outras vezes com a companhia de alguém como amigos, família, ou contratar alguém por umas horas. Quando estiveres sozinha, podes procurar cenas que te elevam a energia um pouco e façam te "companhia" para fazeres as coisas com outra disposição. Uma coisa que me ajudou muito, principalmente quando os smartphones ficaram mais acessíveis, foi andar com o meu telefone atrás a ver, e ouvir, filmes no youtube. Por exemplo, eu sou uma viciada em filmes de romance, principalmente da Hallmark. A história dos filmes é basicamente sempre a mesma, e eu sei disso, mas isso até me ajuda, porque aquela consistência de história deixa-me entrar e sair da história enquanto vou fazendo as minhas cenas e estou sempre por dentro da história. Apercebi-me que as vozes de fundo dos filmes, também me faziam companhia, o ruído e a música. E assim a minha manhã, tarde, ou dia, torna-se mais produtivo e leve. Pode haver dias que preciso mesmo de alguma inspiração e motivação, então gosto de ouvir filmes e vídeos motivacionais. Podes gostar de acompanhar uma série de TV que gostas, ou que te faz sentir bem, então aproveita.

Lembra-te de colocar uma energia boa à tua volta. Não há nada, nem ninguém, que diz que tens que sofrer mais enquanto passas um dia a chorar a destralhar as cenas do teu cônjuge. Onde é que isso está escrito? É isso que as suas almas, lá no céu, gostariam de nos ver a fazer? Tu é que estás cá, para lidar com as coisas, e precisas de ser nutrida por isso vê um filme, ouve uma música, come uma barra energética na varanda, ou vai beber um café à casa da vizinha. Quando terminares, podes estar cansada. Vê só o que conseguiste fazer. Podes achar que está numa boa hora de ires dormir um pouco. Não! ;-) Bora buscar as sapatilhas e ir à piscina ou ao ginásio. Tomas banho lá e aproveitas para libertar energias que já não precisas e abastecer a energia que o teu corpo e alma precisa. Bora Bora.

Lembra-te sempre, tu és amada. És valorizada. És especial. És importante. Vá, não te esqueças da garrafa de água.

23. Casa - Arrumação mais profunda

Haverá dias em que será mais difícil lidar com alguns pertences do teu cônjuge e é mais do que natural e poderás sentir alguma tristeza, ansiedade e está tudo bem. Vai com calma, mas vai avançando na mesma. Haverá dias em que tentas e não conseguiste fazer muito, ok, a energia não está bem. O que houver para fazer, não passa da validade, então aproveita para fazer outra cena em que estás mais predisposta a fazer. Haverá outros dias em que não compreendes de onde veio a energia porque foi um dia super produtivo. Corre sempre bem, e corre como tem de ser.

Quando perdemos o nosso cônjuge, lidar com os seus pertences pode ser um grande desafio. Não só é um processo que possa trazer tristeza, como podes te sentir perdida a pensar o que vais fazer com tudo. A verdade é que, quando morremos, não podemos levar nada conosco para a próxima etapa, pode se dizer que é um desapego forçado da nossa tralha toda ;-) Então, quem fica, vai demorar um pouco para lidar com os pertences, e não podemos esquecer, que trata-se só de coisas, certo? Elas foram usadas por alguém enquanto viajavam a sua jornada aqui na Terra. Assim como um dia, nós deixaremos as nossas "coisas" para trás para outra pessoa nos ajudar e tratar dos nossos pertences também. Isto até dá -nos uma perspetiva diferente de tudo que temos nesta vida, porque percebemos que não precisamos de tanta coisa. Mas vamos fazendo o melhor que podemos, e despertamos todos em fases diferentes para coisas mais simples, e não menos importantes, na vida.

A arrumação das coisas deixadas pelo nosso cônjuge pode ser considerado também um processo que faz parte do luto, em que vamos largando as memórias passadas com essa pessoa e a importância que ela teve nas nossas vidas. Precisamos de algum tempo para perceber que a vida seguiu em frente, e devemos seguir em frente também.

Doei a maior parte dos pertences do meu marido, maioritariamente para aqueles depósitos na rua de recolha de roupas. Tentei doar o que tinha de mais utilidade a centros, escolas, e associações.

Na minha opinião, eu acho que demorei muito tempo nesta fase. Três anos depois do meu marido falecer, mudei para um novo apartamento e levei as suas coisas dele comigo. Pode parecer doentio, mas ainda não tinha feito a separação das coisas. Eu só comecei a tratar de algumas coisas dele 4 anos depois disso, depois de estar no apartamento novo. Coisas como fotos e álbuns, cartões e pequenas bugigangas, eu só consegui tratar e desapegar 17 anos depois dele falecer. Tive muita dificuldade com isto. Talvez eu tenha evitado, talvez tenha esquecido, ou não tenha tido tempo, ou não tenha tido vontade para lidar com a tristeza e nunca tive coragem para pedir a alguém para me ajudar. O que aprendi é que, com a companhia de alguém, é muito mais fácil, como mencionei anteriormente. Como não tinha coragem de pedir a ninguém, comecei a usar a tática de ver/ouvir filmes no meu telemóvel, maioritariamente filmes Hallmark, enquanto passava pelas coisas e dividia nas 3 seções, vender, doar ou por no lixo.

Todas vamos encontrar e usar o método que se adequa melhor à sua realidade, e qualquer um desses métodos está bem. Dou o meu exemplo e experiência para que possas ter mais ideias daquilo que está disponível, e até pode te surgir uma ideia completamente diferente, mas que seja espetacular para ti. (Tenta um dia partilhar com o mundo, para ajudar a próxima, se te sentires confortável com isso). No entanto, tenta avançar com este assunto. Não há necessidade de levar 20 anos para fazer isto, como eu fiz, são apenas coisas, não nos vai trazer de volta os nossos amores. No fundo do nosso coração, nós sabemos disso, certo? E se os lugares se invertessem, e tivéssemos sido nós a morrer, gostaríamos de pensar que o nosso cônjuge, que continuou vivo, tenha tratado em tempo útil das nossas cenas e não levou 20 anos a fazê-lo como eu fiz.

Quando escrevi isto, caiu a verdade em mim. Nunca tinha percebido que demorei tanto tempo a tratar deste passo simples. Também passei a perceber que o meu companheiro nunca me chateou com estas cenas. Ele sabia que as coisas e as fotos do meu primeiro marido estavam na cave, mas nunca me pressionou para me livrar delas. Ele sabia que eu faria isso na hora certa. E percebi a compaixão dele. Ele respeitou sempre o meu passado e nunca me pressionou sobre nada.

Bem, se achas que vão ser só as coisas dele a tratar, eu acho que não. Vais acabar por destralhar e desapegar de algumas cenas tuas também. É inevitável. Enquanto estás a limpar e a separar as coisas, vais perceber que há muita coisa tua que já não faz sentido para ti, e se calhar já não fazia sentido há muito tempo, mas se calhar não te tinhas posto um tempo de lado para tratar disso. Lembro-me tão bem, de uma vez quando estava a arrumar gavetas de roupa interior, olhei para a minha roupa interior e pensei "Como é que isto aconteceu?". Houve roupa interior que foi diretamente para o lixo. Prometi a mim mesma, que sempre que houvesse saldos, que compraria uma peça de roupa interior. Mantive essa tradição durante anos, até que chegou ao ponto em que pensei comigo mesma: "ok, acho que já tenho o suficiente agora".

É normal começar uma nova fase na vida e começamos a identificar-nos de uma forma e com consequência disso, começamos também a lidar com as coisas de uma forma diferente. E está tudo bem. Estamos a desvendar uma nova identidade em nós. Mudanças que são normais.

Eventualmente, quando conseguires destralhar tudo, ou quase tudo, irás chegar a um ponto onde ficarás com uma pequena caixa de peças que tem um significado especial para ti. Sim, uma caixinha. Tudo o que é importante já está no teu coração.

Fizeste muito nestes passos simples, que não são tão simples como isso, mas temos que simplificar as coisas, e fazer por passos, e neutralizar a energia triste e baixa. Por isso, acho que hoje é um bom dia para ligar à cabeleireira e vai lavar e secar o cabelo, e depois vai lanchar com um amigo. Bora Bora.

24. Voluntariado

O voluntariado é uma boa maneira de distrair a tua mente, de conhecer novas pessoas, de ajudar a contribuir para a comunidade, de sentires a gratidão com o trabalho que vemos crescer no voluntariado, e contribuirmos para um mundo melhor. O voluntariado ajuda também a nossa saúde física, mental e emocional, e isso terá repercussões na nossa qualidade de vida. Existem inúmeras causas que podemos sentir que nos dizem algo, e que atrai o nosso interesse, como causas que ajudam o ambiente, as crianças da comunidade, os idosos da região, os animais da zona de residência, entre tantos. Vais conhecer pessoas novas, eventualmente deslocar-te a eventos e convívios, podes reconhecer pessoas que não vês há muito tempo, podes conhecer pessoas de outras nacionalidades, pode surgir um intercâmbio em que irás viajar para outro país, há infinitas oportunidades.

Vais pertencer a algo, a um grupo comunitário, a um projeto e a uma causa. O sentimento de pertencimento é tão bom e, neste momento, sabe ainda melhor. Tem algum cuidado para que o voluntariado não ocupe demasiado o teu tempo, mas conseguindo equilibrá-lo ao longo do ano, é excelente. E vai valer a pena. Espero que encontres uma causa com a qual possas te identificar, mas se não conseguires encontrar essa causa especial, vai tentando encontrar algo que te faz sentido. É como conseguir um emprego, às vezes o primeiro emprego que encontramos não é o perfeito, vamos tentando.

Sugiro evitar o voluntariado em causas que sejam sensíveis para ti. Por exemplo, se o teu marido faleceu de cancro, evita fazer voluntariado em organizações contra o cancro. Não estarás a ajudar ninguém, nem as pessoas nem as famílias que estão a lidar com a doença. As pessoas precisam alguém forte e firme, e que não esteja triste, com olhos tristes e ar de pena. Há muitas opções de voluntariado, como ajudar crianças na igreja, centros comunitários para animais de estimação, eventos e reuniões de bibliotecas comunitárias, bancos alimentares e eventos recreativos comunitários.

Sente-te bem naquilo que fizeres, O teu coração saberá se estás está no caminho certo.

25. Círculo de Pessoas

Aprendi ao longo dos anos que é muito importante ter uma rede de pessoas, nas várias áreas da nossa vida. Na nossa vida pessoal, na nossa vida profissional, na nossa vida de lazer e desporto e na nossa vida comunitária. Pessoas com quem convives, com quem partilhas objetivos e ideais semelhante, que te desafiam para crescer, e que te apoiam. Neste momento, será um apoio fundamental na tua vida. Quando o meu marido faleceu, isolei-me muito, e hoje reconheço que isso tornou os meus dias mais longos, mais difíceis e muito mais solitários. Evitava atender o telefone, não sabia o que dizer então não atendia. Até hoje, ainda tenho uma relação amor-ódio com o telefone. Reconheço que faz-nos falta, mas às vezes posso ir dias sem ele. Relações com pessoas amigas e conhecidas foram distanciadas por não ter atendido telefones e retribuído chamadas. Sentia-me um gravador a responder sempre às mesmas perguntas, até que me cansei e isolei-me. A culpa foi minha, que não soube lidar com a situação. E como resultado, sei quais foram as consequências, e que ainda me afetam hoje em algumas áreas da minha vida. Mas, estamos sempre a aprender, nê? Então, se tens bons amigos, colegas, familiares e vizinhos ao teu redor, aproveita a presença deles e pede ajuda nas fases boas, nas fases más, ou simplesmente aproveita a companhia deles para uma refeição, ou uma ida ao shopping, ou a um filme, o que for.

Mantém contato com as pessoas. Às vezes pode parecer que elas estão a incomodar ou a chatear, fazendo perguntas comuns desta fase da tua vida, mas elas estão apenas preocupadas contigo. Não carregues o fardo sozinha. Se te apetece conhecer pessoas novas, e por acaso até acontece pessoas novas entrarem na tua vida, nesta fase em que estás a descobrir uma nova identidade, com novas atividades, isso é excelente. Não queimes muitas pontes nesta fase. Mantém pessoas por perto. Não te isoles. Mantém algum equilíbrio. Tu consegues. Usa os meus erros para criar um caminho melhor para ti. É por isso que estou aqui. Para que consigas ganhar tempo e qualidade de vida, na tua vida, com os meus erros, as minhas aprendizagens e o que escolhes aproveitar do meu testemunho para poderes tomar melhores decisões. Ok? Boa. Vamos lá.

Outra coisa a ter em mente, é que é costume dizer que somos a média das 5 pessoas com quem convivemos mais, então tem isso em mente. Essas pessoas vão influenciar o teu humor, as tuas escolhas, as tuas decisões, as tuas ações e o teu caminho. Então, vai vigiando essa média, se concordas e se é necessário fazer alguns ajustes. Tu consegues. Confia no teu instinto.

26. Viajar

Levei muitos anos para aprender que uma das melhores maneiras de gastar o meu dinheiro era a viajar. Podemos planear alguns fins de semana, apenas uma noite ou uma semana, onde podemos explorar novos lugares, nova comida, conhecer novos rostos e novos costumes enquanto gravamos essas memórias tirando fotos e gravando vídeos. Durante a semana seguinte no trabalho, é tão bom reviver as memórias no nosso telemóvel do fim de semana aventureiro que tivemos. São estas memórias que nos darão energia positiva e ânimo quando poderemos precisar de um reforço de energia no nosso dia.

Podes viajar com amigos, colegas, família, com colegas da comunidade, vizinhos, não há limite. Aproveita. Se alguém perguntar se queres ir fazer uma viagem de fim de semana ou uma viagem de 2 a 3 dias, ou uma viagem de uma semana, pense nisso seriamente. É bom para ti. Se ninguém te perguntar, que tal seres tu a perguntar ou convidar? Pergunta à tua irmã se ela quer ir a um hotel spa no fim de semana? Ou por que não ir com os teus sobrinhos e deixar a tua irmã e cunhado terem um fim de semana romântico por conta deles? As crianças vão adorar, e os pais também. Ou pergunta a alguém que possas gostar se quer ir passar um fim de semana a um resort selvagem. As possibilidades são infinitas. A vida é muito curta. Faz a tua reserva hoje. Neste momento, eu sei que é muito difícil pensar seriamente no futuro, especialmente quando ainda dói quando pensas como vais sobreviver o dia, mas o futuro é tão simples como o amanhã.

27. Desenvolvimento Pessoal

Eu recomendo veemente que ponderes olhar para a área de desenvolvimento pessoal. No outro dia pensei no dinheiro que já gastei nos últimos 20 anos em desenvolvimento pessoal e não me arrependo de nem um cêntimo. Passei tantas consultas com psicólogos e psiquiatras, e aprendi ao longo dos anos que não há soluções rápidas. O verdadeiro trabalho para uma versão melhor, e mais forte, de mim mesma, é aprender mais sobre mim, o que procuro para a vida e que tipo de pessoa preciso de ser para alcançar o que pretendo na vida. Podes querer te tornar mais forte, ter mais ajuda, talvez até penses um pouco no coaching, coaching físico, coaching espiritual, coaching mental. Que tipo de pessoa precisarás de ser para atrair o que deseja na vida? Quem é que te pode ajudar?

Se procuras uma segunda oportunidade na vida para amar, com um parceiro que vai te amar, estimar-te, passear contigo, ir à ópera contigo? Para que isso aconteça, que tipo de pessoa precisas de ser? Agora é um ótimo momento para arranjar um coach ou mentor pessoal, se ainda não o fizeste.

Aprendi ao longo dos anos que, às vezes podemos achar que evitamos gastar dinheiro num mentor mas a verdade é que se não investirmos em nós, vamos gastar o dinheiro de outra forma, como um vestido novo, fazer madeixas no cabelo, jantar fora, a verdade é que acabamos por gastar o dinheiro de qualquer maneira. Muitas vezes é através do mundo do desenvolvimento pessoal, do conhecimento e dos instrumentos que aprendemos a utilizar, que conseguimos tornar-nos nas pessoas que realmente precisamosde ser para concretizar os nossos sonhos. Então, émotivo para dizer, sonha! Tem a audácia de sonhar novamente. Sonha o suficiente para avançares um passo em frente. Depois dois passos. Com a tua coragem e o que o(s) teu(s) mentor(es) te acrescentam para tornar os teus sonhos em realidade, ganhas tempo e vantagens na criação da tua vida, na vida que sonhas ter, da vida que podes ter. Podes achar que isto não é prioridade para ti agora, mas daqui a vinte anos, vais pensar como eu, e dizer, como é que desperdicei tanto tempo? Bem, posso dizer que estava a fazer o luto, a recuperar, a realinhar, etc, etc, sim, não deixa de ser verdade, mas também não estava morta! Poderia ter avançado na mesma, de forma mais célere, com pequenos passos, e tinha alinhado melhor a minha vida, emocionalmente, fisicamente, monetariamente e mentalmente. Lá está, não nascemos ensinados, certo, mas podemos aprender com quem já passou por aquilo que passamos e aprender com as experiências deles. E é assim que nos levantamos mais rapidamente, e mais vezes, para seguir em frente. Podes dizer que não queres seguir em frente. Meu amor, se não quisesses seguir em frente, não estavas a ler este livro. E acredita, que vais ter uma vida melhor pela frente, pelo simples facto de teres lido este livro. Não é pelo facto de ser um livro espetacular, mas porque já evidências provas que tens coragem, resiliência e sonhos dentre ti, senão nunca tinhas pegado neste livro. E tu vais decifrar o que queres deste livro, o que achas importante, relevante e pertinente para ti. Vais moldar a informação à tua maneira, de acordo com a pessoa que és e a tua situação particular e vais conseguir avançar em frente, com os teus passos simples. E se algo mais chama por ti, há algo que sugiro, passa o teu testemunho. Da forma que quiseres, te apetecer, como achares melhor, mas passa o teu testemunho, para que outras mulheres que estão a passar esta fase, o façam com mais coragem, menos solidão e mais conhecimento. Todos ganhamos com isso.

Ao longos dos anos, comecei a perceber padrões que desenvolvi, sendo que quando seguia o caminho do conhecimento pessoal, para me conhecer melhor, conhecer melhor as minhas crenças, os meus gatilhos, os meus padrões comecei a perceber que era nesses anos que progredia mais como pessoa, sendo mais feliz e mais saudável. Quando decidi começar a treinar no ginásio às 6h da manhã, senti-me mais feliz, naturalmente devido ao exercício e aumento de endorfinas. Sentia que nada me parava no mundo. Quando fiz um curso de programação neurolinguística, PNL, senti que estava a adquirir ferramentas para me ajudar nos desafios diários, com os outros, e comigo própria. Lembro-me também, muito bem, das vezes em que me isolei, que me fechei ao mundo e que optei por não atender o telefone e tentar esquecer o passado, que durante essas fase também comecei a perder a minha saúde, os meus relacionamentos deterioraram, e a minha performance no trabalho também. Há uma correlação directa entre o investimento que fazemos em nós próprios e os resultados que somos capazes de entregar, aos outros, a nós próprios, ao nosso trabalho, à nossa carreira, e à nossa saúde.

O desenvolvimento pessoal também me ajudou a lidar com a tristeza, a raiva, a compreensão e a minha paz interior. Se é fácil? Não! Mas já aprendi que ganho muito mais a curto, médio e longo prazo, do que não fazer nada, e evitar tomar conta de mim mesma. É algo que já nem penso se faço ou não faço, se invisto ou não invisto. Já faz parte da minha vida ter uma componente dedicada ao meu desenvolvimento pessoal, porque já aprendi que tenho uma melhor vida, neste caminho do que outro. Porque quando evitamos ou fugimos dos nossos medos, das nossas fraquezas, dos nossos obstáculos, há um efeito cascata, de obstáculo atrás obstáculo, perda de energia, perda de saúde, incapacidade de decisão, isolamento, depressão, etc, etc. Então, o melhor que temos a fazer é com pequenos passos, ir avançando, equilibrando as energias nas nossas vidas, saber ouvir o nosso coração, e o nosso corpo, e acreditar em nós.

Ao longo dos anos também aprendi a importância de encontrar um mentor/coach ou mais que um, para diferentes áreas da vida, uns ao mesmo tempo, outros em fases diferentes, e tudo acrescenta na nossa vida. Aprendemos muito. É normal encontrar pessoas com quem sentimos logo uma certa empatia, e isso ajuda ainda mais. Queremos ter alguém que tenha valores semelhantes aos nossos e que muitas vezes tenha um passado em que conseguimos respeitar e usar como referência daquilo que é possível fazer e conquistar. Trabalhamos com essa pessoa para estabelecer metas e orientações para as diversas áreas da nossa vida, e seguimos com passos simples. E quando o resultado começa a não ser o pretendido, reajusta-se o caminho.

Também é normal ajustar-se a novos coaches e/ou mentores à medida que os tempos mudam e nós mudamos. É como ter um personal trainer no ginásio e decidir que queremos nos especializar em boxe, então é necessário procurar um novo PT que se especialize em boxe para poder evoluir e conquistar os nossos sonhos.

É sempre uma boa aposta quando decides envergar pelo mundo do desenvolvimento pessoal onde vais te conhecer cada vez melhor.

28. Faz o que tu queres e não o que os outros esperam de ti.

Neste momento, pode haver muitas opiniões sobre o que a sociedade espera de nós. Por exemplo, usar roupas pretas ou escuras durante os próximos 5 anos, não namorar nos próximos 3 anos, ir à missa todos os domingos com ar triste e no final da missa as pessoas abraçarem-te e dizem que tudo vai correr bem. Mas se virem-te a aparecer na igreja com um gajo todo jeitoso, vão conversar todos atrás das paredes, "olha que ela não perdeu tempo nenhum" ou se te virem no restaurante com alguém, vão dizer: "Ela superou a perda do marido muito bem!" Então, basicamente, todos terão expectativas do que deves fazer a seguir, e se os papéis fossem invertidos, provavelmente terias as mesmas expectativas. Não é por mal, a sociedade foi construída ao longo de muitas gerações com praticamente os mesmos padrões. Aos poucos, o inesperado vai se tornando mais aceitável, mas ainda assim, estamos a anos-luz de uma nova realidade. Alguns dizem que a morte será celebrada e, em vez de haver um funeral, haver uma festa e celebrações. Algumas pessoas já elaboram um testamento expressando a sua vontade de haver uma festa e não um funeral.

Quando o meu marido faleceu, usei roupas cinzentas para o funeral e depois usei roupas normais. A minha roupa não tinha sentimentos, o meu coração tinha, então usava roupas normais. Não o que a sociedade esperava que eu usasse depois que meu marido falecer.

Então, é importante tentar saber o que queres para ti, o caminho e viagem que queres fazer e seguir, para que as tuas decisões no dia a dia, sejam consistentes com os teus objetivos, e para que consigas reafirmar as tuas decisões quando (e se) quiseres responder às questões das pessoas. Podes dizer, " está bem, mas eu não sei o que quero fazer na minha vida....", certo, compreende perfeitamente, Mas por não ter consciência do que eu queria, e estabelecer limites para o que era importante para mim, perdi um pouco o meu norte e como não sabia o que queria, ia conforme o vento soprava. Demorei muito tempo a começar a pensar no que queria na minha vida, o que queria para mim, quais eram os meus sonhos nesta nova realidade. Simplesmente sobrevivi durante anos sem prosperar por uma vida com direção. É como se eu olhasse para o céu de manhã e pensasse no que vou fazer hoje, mais nos finais de semana, claro, porque nos dias de semana o meu principal objetivo era sobreviver com a rotina do trabalho e depois sobreviver a noite (que era a parte mais difícil para mim) e acordar no dia seguinte, quando tocava o despertador, para chegar ao trabalho a tempo, e não ser despedida do meu emprego. Percebo hoje, que se tivesse cruzado algo, ou alguém, no meu caminho, que me perguntasse o que eram os meus objetivos agora nesta nova fase, os meus sonhos, o meu foco, algo que me ajudasse a colocar a minha vida num caminho novo, com orientação, um novo rumo, tinha ganho anos de vida em vez de simplesmente sobreviver na vida.

Não me arrependo do meu passado. Fiz o melhor que pude, com as informações que tive naqueles momentos. Mas agora, com este livro e estes passos simples, tens a possibilidade de ter melhor ideia do que poderá vir pela frente e seguir em frente, e com a cabeça erguida sobre sinais de alerta, situações que podes perceber que queres evitar, e dessa forma reduzir o tempo de desorientação e ganhares melhor qualidade de vida.

Podes estar a dizer agora: "Eu não me importo, deixe-me estar no meu canto". Mas há uma pequena parte de ti que se importa. Senão

não estavas a ler este livro. Aquela parte de ti que luta não só para sobreviver mas também para VIVER. Aquele fogozinho que ainda está dentro de ti, aí algures. Não interessa o que os outros dizem ou esperam de ti. Porque haverá sempre motivo para conversa. Faz parte da parte mais primitiva do ser humano. O que te interessa, é a tua vida, porque quem controla a tua vida, és tu. És tu que também sofres, ou celebras, as consequências das tuas ações e decisões. Não estás sozinha. Sabes disso. Sentes isso. És protegida. Então, vive uma vida nova, e porque não melhor? Faz o que queres fazer desta vez, e não o que é esperado de ti. Okay? Bom, vai buscar as tuas sapatilhas e bora fazer uma caminhada até o café da esquina. Bora lá.

29. Escreve

Durante os últimos 20 anos, tive muitos momentos e percebi que havia maneiras mais fáceis de fazer as coisas ou passar por elas de forma mais eficiente e comecei a sentir a necessidade de contar a minha história a outras mulheres, viúvas, que perderam o seu cônjuge, na esperança de poder partilhar a minha história e com alguma sorte conseguir ajudar alguém a ter melhor qualidade de vida. Na expectativa que possa seguir em frente, em vez de basicamente sobreviver, um dia de cada vez, como eu fiz. Sinto que o meu caminho não cruzou com muitas viúvas, jovens, onde tenham tido a possibilidade de dizer, "Amiga, o sol vai nascer amanhã. Para ti e para mim. Eu consegui. Esta foi a minha história, Isto é o que fiz. Correu bem, correu mal, o que for. Mas não estamos sozinhas nesta história".

No ano passado pensei em divulgar a minha história, e experiência, através de um livro e, coincidentemente, uma amiga minha disse-me um dia para escrever um livro. Então, quando dizemos as palavras em voz alta, ou ouvimos alguém a dizer, parece que torna a ideia numa possibilidade, então eu percebi que estava na hora de avançar. Demorei muito para tentar descobrir a minha abordagem. Eu tinha três rascunhos feitos antes de pensar nesta abordagem, e todos os dias que passava, pensava na minha cabeça: "Tenho que terminar o livro. Quanto mais rápido eu conseguir escrevê-lo, é um dia a menos que alguém no mundo terá que sofrer sozinha.

Se algum dia sentires o apelo, escreve. Escreve, porque há uma pessoa que vai ler o que escreveste e publicaste, e vais conseguir ajudar essa pessoa, e sentirás que tudo o que passaste e fizeste, valeu a pena. Não foi em vão. Sobre este tema de entreajuda com outras mulheres que ficaram viúvas, encontra-se pouco escrito e sinto que há uma escassez de histórias, histórias pessoais que podem ajudar outras.

Escreve. Escreve um livro. Escreve um e-book. Escreve uma música. Sim. Em qualquer formato que queiras, de qualquer forma, cor ou língua. Tu és especial. Não há ninguém como tu neste planeta inteiro. Demorei muito para entender isto.

Durante muito tempo, pensei que deveria evitar sentimentos ou pensamentos sobre o meu marido, ou como eu lidava com esses sentimentos que apareciam do nada, ou acordar de um sonho onde o vi e viajei com ele a noite toda, com quem é que falava sobre essas coisas? Não posso ir a uma consulta de psicólogo e analisar sonhos toda vez que tenho um sonho. Deve haver maneiras e formas que possamos usar para lidar com estes sentimentos, e aprendi que escrever ajudou-me muito. E é grátis! Portanto, liberta o teu lado criativo. Ainda tens tanto para descobrir. Bora lá. Agarra num caderno e bora caminhar um pouco até ao parque para escrever um pouco..

30. Sé criativa.

Pode parecer estranho, mas este é um bom momento para ser criativa e usar a imaginação para que possas expressar as tuas emoções, da forma que surgir ou te apetecer, especialmente quando não consegues encontrar as palavras para expressar tanta dor, dormência e até alguma indiferença que possas sentir neste momento. Nem sabemos o que estamos a sentir.

Às vezes a arte e a criatividade podem ser usadas nalguns cursos de desenvolvimento pessoal, ou com mentores e coaches. Tenho tido algumas aulas de desenvolvimento pessoal ultimamente onde somos convidados a desenhar e colorir mandalas. Não sou muito artística, mas quando começo, deixo fluir e confesso que me faz sentir bem. São coisas simples. Às vezes faço tricô, jardinagem ou culinária. Um dia gostaria de aprender a fazer mais trabalhos manuais, e outros hobbies onde basicamente "pomos a mão na massa". Comecei a entender que através da arte conversamos e expressamos os nossos sentimentos sem falar. Porque muitas vezes não conseguimos encontrar as palavras certas, e outras vezes nem sabemos quais seriam as palavras certas. Então, este é um excelente passo para deixar os nossos sentimentos e emoções libertarem-se. Tu consegues. Tu mereces. Experimenta. Depois diz-me como correu.

31. Café

Um dos muitos hábitos que tenho e sempre adorei, é de ir beber café, ao café. Sim, eu tenho uma máquina de café, e café, em casa, mas o café, no café, é diferente. A máquina é melhor, o café é melhor e a até a chávena do café é diferente. Como bónus, podes ir passear, apanhar ar puro, escolher um café diferente, ler o jornal ou as revistas que estão no café, cumprimentar o dono do café, os clientes do café e as pessoas na rua. Se conseguires juntar tudo isto, é mesmo uma experiência fantástica. Já conheci muitas pessoas em cafés, sim, porque tomo muito café ;-) Eu sei, não devia, mas agora já bebo menos. Costumava beber até 5 cafés por dia, e agora já reduzi para dois ou três. Não bebo lattes ou cafés mistos, apenas um simples expresso. O café é uma das melhores invenções da humanidade. Para ser saboreado e apreciado. Para respirar aquele aroma dos grãos de café moídos e o calor do líquido na nossa barriga. É tão bom. A vida é muito rápida hoje em dia, mas não é assim tão rápida ao ponto de não termos tempo para beber um cafézinho.

Digo café, mas chá também é uma ideia, ou café com leite, há muitas opções disponíveis. O conceito do café é desfrutar de toda uma experiência. Já bebeste café à beira-mar, na praia, numa esplanada, num dia de sol, num dia de chuva? É tão especial. OMG!

É como quando vais a um restaurante, e tens uma daquelas experiências em que a comida é tão boa que parece que derrete na tua boca, e quando fechas os olhos, simplesmente aprecias o momento. É uma experiência fantástica, não é? A experiência do café é assim.

Equilibra o teu dia. Se estás a ter um daqueles dias em que não estás inspirada e motivada, basta levantares, caminhar um pouco e ir ao café, para beberes um cafézinho ou um cházinho. Respira por 5 minutos. Basta estares contigo própria. Aproveite estes pequenos momentos, que te vão impulsionar o teu dia com energia positiva e mais ânimo. Bora lá...

32. Comer fora

Comer fora pode ser um desafio neste momento. Lembro-me de uma fase em que estava com fome e tinha vergonha de comer sozinha num restaurante. Medo que as pessoas olhassem para mim e pensassem que eu estava sozinha (o que eu estava) ou que eu não tinha amigos, família, colegas ou um par. Estava fragilizada. Porque durante o meu relacionamento com o meu cônjuge, habituei me a seremos sempre dois (ou três à mesa E agora a mesa era ocupada só por um.

Tentava comer fora o máximo que podia, porque se fosse para casa depois do trabalho, a ementa seria uma tigela de cereais no sofá a ver televisão. Isso conta como uma refeição equilibrada? Com vegetais, proteínas e nutrientes? Não. Demorei um pouco para me acostumar com isto. Também levei algum tempo para reunir coragem e pedir ajuda. Depois de um tempo, descobri que tinha colegas de trabalho que também eram solitários, e que também não gostavam de comer sozinhos, e que gostavam de comer fora, ter uma refeição adequada com outra pessoa. As pessoas não admitem a sua solidão ou pensam que são as únicas sozinhas e não fazem nenhuma mudança para sair dessa solidão porque terão que admitir (para si mesmas) o que estão a sentir.

Ao comer fora, tenta comer nutricionalmente. Se não estiveres algo no menu que aches razoável, muitos restaurantes adaptam se às tuas preferências. Em vez de batatas fritas, podes pedir arroz branco e uma salada. Ou podes ter batatas cozidas com bacalhau e alguns vegetais verdes ao lado. Podes pedir carne grelhada com uma salada. Existem infinitas opções, mas tenta escolher as opções mais saudáveis e que gostes. É um hábito que vai ser fácil e vais te sentir muito melhor e com mais energia. Depois do almoço ou jantar, vai dar um passeio agradável, como uma visita ao museu local ou um pequeno espetáculo de artes. Melhor do que a comida é ter uma experiência artística a seguir. É tão bom. A vida é melhor quando combinas pequenos passos com coisas simples, que tornam essa experiência fantástica. Bora lá.

33. Crianças

Eu não tinha filhos quando o meu cônjuge faleceu. O meu enteado, filho do meu marido, morava conosco, e fomos uma família de três pessoas durante os dois anos em que vivemos juntos. Quando o pai dele faleceu, ele tinha 11 anos, e os pais do meu marido queriam que o neto fosse viver com eles. Deixei que os meus sogros tivessem a vontade deles, porque afinal o neto era o que ainda tinham do filho deles, e eu não conseguia imaginar como era perder um filho. Então, basicamente, eu não tive filhos com o Paulo, e não consigo imaginar como poderia ser o pai dos meus filhos a morrer, e depois ter que seguir em frente sozinha com os meus filhos. Nem posso inventar como poderia ter sido. De alguma forma, a minha vida secalhar foi mais facilitada por ser só eu e assim seguir em frente para reconstruir um novo caminho. Talvez se eu tivesse filhos, eu teria que me manter mais enraizada de alguma forma e talvez tivesse a ajuda da família e dos amigos, poderia ter sido mais difícil ou poderia ter sido um caminho mais fácil. Não sei, e não pretendo inventar que poderia saber. A minha situação foi a que vivi e a experiência de cada um é diferente.

O que eu senti foi uma preocupação de nunca mais amar e/ou ter a oportunidade de encontrar alguém no futuro e ter a possibilidade de ter os meus próprios filhos. Cerca de um ano depois que meu marido falecer, pensei em ter um filho sozinha. Não tinha muita fé que poderia encontrar alguém especial novamente. Era cedo demais. Falei sobre isso com uma colega, conversamos e ela disse: "Susy, ainda és tão nova, e hoje em dia tens até os 40 anos para ter a opção de ter filhos. Vais ter tempo para assumir esse compromisso". Ela tinha razão. Eu tinha que ter fé e aceitar que dias melhores viriam. E assim foi.

34. Emprego

Antes de meu marido falecer, trabalhava na área financeira e gostava do meu trabalho. Procurei aprender áreas diferentes e conforme fui evoluindo, fui promovida e isso motivou-me ainda mais. O meu diretor tinha-me dito que ia me propor para um novo departamento e isso agradava-me. A motivação fez com que comecei a trabalhar ainda mais. Secalhar era o objetivo do meu diretor, e funcionou. No entanto, devido ao facto de chegar mais tarde a casa, não me apercebi que as alterações estavam a acontecer em casa. O meu marido estava a emagrecer, via-se nas calças, e não compreendíamos o motivo Depois de ir com ele aos médicos e perceberemos a gravidade da situação, pedi dias de baixa no trabalho.

O meu trabalho começou a ser motorista dele para o hospital, para a sessões de quimioterapia, fazer refeições, lanches, lavar e arrumar roupa, cuidar da medicação dele e atender ao meu enteado para parecer que a situação não era tão grave, para que o menino conseguisse dar continuidade aos estudos com a máximo de normalidade possível.

A mãe do meu marido também tirava dias do trabalho dela, enquanto eu voltava ao meu trabalho por mais duas ou três semanas e continuávamos um intercalar de baixas entre mim e ela, para que estivesse sempre alguém a cuidar do Paulo. Era sempre complicado quando a mãe dele ficava com ele, porque ela não conseguia esconder a tristeza dela de ver o filho a sofrer tanto, e o Paulo era uma pessoa muito otimista e corajosa, e não aceitava a derrota. Sempre acreditamos que ele iria vencer a doença. Então ele não tinha muita paciência para ser rodeado de cenas e pessoas que não tinham a mesma fé e coragem que ele.

Quando ele faleceu, tirei licença de luto e depois baixa médica novamente e de facto, continuei com mais alguns meses de baixa. Estava a lidar mal com a medicação que os médicos receitaram-me. Eu não conseguia acordar de manhã, aliás acho que nem sei se acordava de manhã, tarde ou noite. Os despertadores não tinham efeito nenhum. Colocava dois ou três, em aparelhos diferentes, e nada me acordava. Houve uma vez que fiquei muito doente e tive que ir ao hospital às 4 da manhã. Tinha imenso medo de morrer em casa sozinha e ninguém me encontrar. Depois de alguns exames, estava tudo bem, e a médica disse-me que estava a ter crises de ansiedade e que tinha que aprender a acalmar-me. Acalmar-me? Como? Respondi à médica que não sabia como, que a minha vida estava de pernas para o ar. A médica respondeu: "Menina, para mim é igual. A vida é sua. A decisão é sua se quer continuar a viver assim, é tão simples quanto isso". A resposta dela foi como uma chapada na cara para acordar para a vida. Percebi que precisava de procurar outro tipo de ajuda além da medicina tradicional.

Procurei diferentes abordagens e finalmente com a sugestão de uma prima, procurei uma astróloga e depois uma psicóloga, mas que tinha alguns dons esotéricos, Começaram-se a desvendar alguns véus, e comecei a ganhar mais confiança na vida, e em mim. Entretanto, tinha voltado ao trabalho, e persistia o meu problema de conseguir acordar de manhã quando tocava o despertador. Chegava ao trabalho às 11h, 11h30, quando o meu horário começava às 8h30. Um dia recebi uma chamada dos recursos humanos a avisar que precisava de fazer mudanças urgentemente à minha performance, especialmente à minha pontualidade, porque estavam a preparar a minha transferência para um serviço onde a extinção de posto de trabalho seria fácil de aplicar e despedirem-me. Esta colega ajudou-me imenso na altura que o meu marido estava doente. Quando precisava de faltar, aconselhava como o fazer de forma a reduzir ao máximo a perda de rendimentos e manter as regras das ausências de acordo com as diretrizes da entidade patronal. Agora ajudava-me a evitar que eu perdesse o meu emprego. É curioso como no ano anterior estava na iminência de mais uma promoção e neste ano estava em modo sobrevivência para não perder o meu emprego. A vida é como uma montanha russa. Então, segui os conselhos da colega dos RH, e fiz o meu melhor para voltar às minhas obrigações de trabalho.

Aumentei o número de sessões com a psicóloga, e aos poucos comecei lentamente a chegar ao trabalho mais cedo todos os dias. Foi numa das sessões que houve um grande avanço, em que percebi que havia algo no meu subconsciente que não queria acordar de manhã, para não reviver o episódio de encontrar o meu marido morto na cama novamente. Depois dessa tomada de consciência, comecei a ter bons progressos no trabalho, e as coisas começaram a melhorar.

Comecei a viver e a trabalhar um dia de cada vez no trabalho, apesar de ser basicamente no modo sobrevivência, mas precisava de salvaguardar o meu emprego. Era o meu sustento e era a única coisa que era consistente na minha vida na altura.

Trabalhei todos os dias, fazendo o meu melhor. Depois de um ano, a nova diretora chamou-me ao gabinete dela (tínhamos uma nova diretora agora) e disse me que eu tinha sido promovida pelo meu desempenho naquele ano. Fiquei sem palavras. Eu não tinha percebido como tinha sido promovida quando o meu principal objectivo era não ser despedida. Tinha conseguido. Recuperei a minha imagem na empresa e voltei à nata da equipa. Então, há dois anos estava na iminência de ser promovida, um ano depois, estava prestes a ser despedida, e no ano seguinte, sou promovida. A vida não é fácil de entender. E para dizer a verdade, ao mesmo tempo que estava perplexa, também estava orgulhoso de mim mesmo.

Quando cheguei a casa naquela noite, abri a porta e percebi que não havia ninguém lá para poder dizer "Querido, adivinha quem foi promovida hoje". Apenas silêncio. Caiu-me tudo naquele momento. Com uma boa notícia no bolso, literalmente, senti a tristeza cair sobre mim. Chorei tanto naquela noite.

Passar por um grande trauma e desafio na vida, e paralelamente tentar manter o desempenho profissional é uma das coisas mais difíceis de fazer. Foi uma fase tão avassaladora para mim.

Os meus colegas de trabalho ajudaram muito. Como mencionei antes, quando ia almoçar fora, com eles, era a melhor parte do meu dia, a nível de sustento nutricional e também de sustento emocional. A meio da manhã e à hora do lanche, geralmente ia ao café do lado. Normalmente tinha a companhia, de um colega ou de outro, só porque era a nossa rotina habitual, e às vezes calhava falar com alguns clientes na padaria ou na rua. Aquelas rotinas deram-me força para viver os meus dias e dar-me energia para o dia seguinte.

Há fases na nossa vida em que percebemos que o melhor que temos a fazer é apenas viver um dia de cada vez. Então, tem calma contigo mesma. Passaste por muito, e basicamente precisas de algum tempo para te recompor. Provavelmente estás a perceber que quem tu eras, já não és, e começas a sentir uma nova entidade a querer moldar-se. Aos poucos vais começar a descobrir e conhecer o teu novo eu. Vai com calma e aproveita a viagem.

Há tanta coisa que podes estar a pensar, na tua mente, no teu coração, e o melhor conselho que te posso dar neste momento seria o conselho que eu daria a mim mesmo. À Susy de hoje diria à Susy de 20 anos atrás, "Susy, não faças tudo sozinha porque é mais difícil, vais demorar muito mais tempo, tempo que é valioso, mesmo que compres todos os livros certos, É preciso estar com as pessoas, conversar com as pessoas e pedir ajuda. O dinheiro que vais gastar com roupas e livros não lidos, arranjas um mentor ou coach para te ajudar uma vez por semana, por exemplo, e aos poucos vais avançando em vez de ficar tanto tempo no mesmo lugar, a tomar medicação e a dormir dias sem conta". Isto é o que eu teria dito a mim mesma. Provavelmente o de mais valioso que aprendi ao longo dos anos.

Segue em frente

Apesar do meu marido ter falecido há 20 anos, ele continua a ser uma das melhores coisas que já me aconteceu nesta vida, e sou eternamente grata pelo facto de o ter conhecido e ter tido uma história de amor única. Foi um autêntico privilégio ter experienciado tal acontecimento. E como dizem, "É melhor ter amado e ter perdido, do que nunca ter perdido nada." E eu tive a sorte de ter encontrado amor na minha vida mais do que uma vez. Eu compreendo melhor hoje, que estamos cá todos de passagem nesta vida, e que nessa vida conhecemos pessoas, convivemos com elas e depois de um determinado tempo, essas pessoas saem da nossa vida. E isto acontece por variadas formas. Muitas vezes evoluímos e crescemos com essas interações com essas pessoas, e com o Paulo aprendi que o que é a entrega simples e pura a uma alma que vibra luz e vida. E isso para mim deu-me qualidade de vida, ainda hoje, vinte anos depois. Tive a possibilidade de aprender a amar num ambiente de verdade, sem julgamento e total transparência. Considero isso hoje um luxo, percebendo que muitas outras pessoas não têm essa mesma experiência. Então sou eternamente grata por isso. Aprendi também a não ser egoísta. Muitas vezes quando os alimentos embalados em casa passavam da validade, ele colocava-los num saco limpo à parte e colocava ao lado do contentor do lixo, porque sabia que havia pessoas sem abrigo que procuravam comida nos contentores. Ele ajudava sempre que podia, de preferência sob anonimato. Muitos não sabiam o que ele fazia, para ajudar dentro das possibilidades dele, mas eu era testemunha. E no dia que ele morreu, eu soube que não podia ser egoísta. Soube como ele queria morrer, efetivamente ele morreu como quis, sossegado a dormir na casa dele, junto daqueles que amava, e respeitei isso.

Apesar de ler levado muito tempo para recuperar e começar novamente a evoluir como pessoa, investir nas minhas capacidades e focar nos meus objetivos, percebo hoje que continuo esse caminho, e percebo que é avançando um pequeno passo de cada vez, um simples passo, o que pode não parecer que tem muita importância, mas a verdade é que o somatório de todos esses pequenos passos que damos para seguir em frente, acabam por criar uma nova vida, melhor, porque decidimos escolher pela ação, e não ficar na cama ou no sofá nesse dia.

A vida é o somatório das nossas escolhas e a qualidade dela é o resultado direto da qualidade dessas escolhas. E tudo depende de ti. Tu consegues. Eu sei que sim. E sempre que precisares, estou por aqui para te lembrar que é possível. Bora lá Não te esqueças das sapatilhas ;-)

Passos Simples